Elke Esslinger

Kunst aus Naturmaterial quer durchs Kita-Jahr

Die Autorin
Elke Esslinger ist Pädagogin und Kunsterzieherin und hat in der Kita, der Kernzeitbetreuung und mit behinderten Kindern Kreativität, Spontanität und Begeisterung herausgefordert, um die Kinder anzuregen, zu motivieren und ihre Eigenideen experimentell umzusetzen. Daraus entwickelte sich dieses Buch.

Lektorat: Daniela Brunner, Korschenbroich
Umschlaggestaltung: Ungermeyer, grafische Angelegenheiten, Berlin
Umschlagfotos: shutterstock/EKramar (Kind, Zapfenfigur);
shutterstock/servantes (Schneckenhäuser); shutterstock/Pop Paul-Catalin (Kastanien);
shutterstock/Fabio Alcini (Walnuss-Schiffchen)
Innenlayout und technische Umsetzung: Thomas Krauß, krauß-verlagsservice, Ederheim/Hürnheim
Fotos im Innenteil: Gabriele Klink

www.cornelsen.de

1. Auflage 2019

© 2019 Cornelsen Verlag GmbH, Berlin

Druck: mediaprint solutions GmbH, Paderborn

ISBN 978-3-589-16505-6

PEFC zertifiziert
Dieses Produkt stammt aus nachhaltig
bewirtschafteten Wäldern und kontrollierten
Quellen.

PEFC
PEFC/04-31-0810

www.pefc.de

Kunst aus Kastanien, Eicheln und Tannenzapfen . . . 41

Kunst aus Ästen, Zweigen und Holzscheiben 57

Kunst aus Steinen und Muscheln 67

Noch mehr Kunst aus der Natur 85

Einführende Worte

Kunst aus Naturmaterialien

Nicht nur Kinder, sondern auch zunehmend Erwachsene, Pädagoginnen und Eltern sind für die Natur, die Schonung von Umwelt und Ressourcen sowie entsprechende Möglichkeiten oder Angebote, auch im Kleinen, offen und sensibilisiert. Unsere Umwelt ist voller Geheimnisse, reich an natürlichen Schätzen und fordert auf, genau hinzusehen, einen Augenblick zu verweilen und sich an kleinen Dingen zu erfreuen. Dabei wird die angeborene Sammelleidenschaft angeregt und herausgefordert. Im Zentrum stehen neben Fantasie und Kreativität gleichberechtigt Freude am Experimentieren, Umdeuten, Erfinden, Ausprobieren, um Neues zu entdecken und zu versuchen.

Alle Beteiligten entdecken dabei das Staunen, sie öffnen und aktivieren ihre Sinne zum ganzheitlichen Entdecken, um die Umwelt und die Welt hautnah zu erfassen.

Die Kinder erfahren die unglaubliche Schönheit und Vielfältigkeit der Natur, die besonders in den unscheinbaren kleinen Dingen verborgen ist. Ein offenes, unbegrenzt lustvolles Experimentier- und Erkundungsfeld bietet sich an. Dieses lebenslange Erkunden und Entdecken wird in der späteren Zukunft unserer Kinder, in Schule, Ausbildung, im Beruf oder am Arbeitsplatz lebenslang eingefordert. Diese positiven Grundlagen werden hierzu bereits in der frühen Kindheit angelegt. Dabei wird sachliche Kompetenz und Wissen erst durch Fantasie, Kreativität, Ausprobieren, ungewöhnliche Wege entdeckt und verwoben.

Teamfähigkeit, sich absprechen, argumentieren, Meinungen wertfrei austauschen oder Gestaltungsprosse erkunden, sind dabei unverzichtbare Grundlagen für ein soziales Miteinander. Auch dazu wird die Basiskompetenz in früher Kindheit angelegt. Darauf bauen die späteren Herausforderungen des Lebens und des Alltags auf.

Die Pädagogin sollte die Kinder dabei begleiten, ohne sie zu belehren. Sie beobachtet, gibt Tipps und lässt die Kinder selbst gestalten und ausprobieren. Erst dann öffnen sich die Türen der Fantasie und beflügeln das Kind, Ungewöhnliches zu erkunden und alte Wege zu verlassen, um schöpferisch kreativ zu werden, mit allen Sinnen ganzheitlich zu experimentieren, zu agieren oder zu spielen. So ganz nebenbei oder gezielt durch die Pädagogin angeregt, beginnt das Kind zu recherchieren, stellt neugierige Fragen nach dem Wieso, Weshalb oder Warum und ist an den möglichen Lösungswegen selbstbewusst, selbstständig und aktiv beteiligt. Mögliche Hinweise finden Sie als Pädagogin in den beigefügten Tipps zu jedem Bastelangebot.

Zu den Angeboten in diesem Buch

Bereich Farben

Diese spielen nicht nur in der Natur eine zentrale Rolle, sondern auch bei Gestaltungsangeboten oder der Bereitstellung und Sammlung von Materialien in der Kita. Farben helfen, sich zu verstecken wie die Schnecke in ihrem wunderschön gedrehten Schneckenhaus, oder fordern heraus, mitgenommen zu werden, wie ein prächtig gefärbtes Herbstblatt, das durch den Wind über den Boden tanzt. Die Kinder erkunden unterschiedliche Mal- und Zeichenmittel, entdecken, dass es helle und dunkle, frohe und traurige Farben gibt, dass eine Formumrandung Farben zum Leuchten bringt oder unsere Gefühle tangiert und aktiviert.

Bereich Körper und Relief

Hier wird räumliches Denken als Grundlage für Mathematik angeregt und es werden fühl- und sichtbare Strukturen bewusst angeboten. Das schließt Bauen, Konstruieren und Verändern mit ein. Räumliche Strukturen umfassen auch bewegliche Dinge, wie etwas schwimmen zu lassen oder ein Mobile zu bauen, das durch einen Luftzug in Bewegung gerät.

Bereich Materialaktion

Kinder und Eltern sammeln gewünschte Naturmaterialien, die die Kita in einem Elternrundbrief auflistet und über die Kinder immer wieder neu ins Gedächtnis zurückruft. Das schließt sonstige Bastelmaterialien wie z.B. Knöpfe, Borten, Stoffreste, Pailletten, Federn usw. mit ein. Diese Dinge deuten die Kinder dann z.B. zu Augen, Kopfschmuck oder Sonstigem um.

Bereich Aktionen

Es können Ideen, Anregungen, Unternehmungen oder Feste ausgestaltet und angeboten werden. Die Kinder kreieren Plakate, schmücken ihre Kita oder arrangieren eine Kinder-Kunstgalerie. Diese und mehr Anregungen sind direkt als Tipp beim jeweiligen Gestaltungsvorschlag vermerkt. Hinzu gesellen sich Theateraktionen, Sprache, Stegreifspiele, Anregungen zu Bilderbüchern, Märchen und Fabeln. Dazu zählen auch Lieder, Tänze oder Gedichte bis hin zu internen oder offiziellen Festen, Öffentlichkeitsarbeit und Elternarbeit in der Einrichtung.

Gestaltungsmöglichkeiten mit Naturmaterialien

Kinder erkunden mit offenen Sinnen, offener Wahrnehmung und besonderem Blick die Natur, deren verborgene Schätze und ihre direkte Umwelt. Kinder sammeln gerne Brauchbares. Diese Möglichkeit wird stimuliert, aktiviert, ausgebaut und unterstützt. Die Kinder schärfen dabei alle ihre Sinne für Kleines und Verborgenes. Unterstützen, begleiten und regen Sie die Kinder an und machen Sie ihnen Mut, ihre Umwelt wie ein Detektiv zu erforschen und zu erkunden. Zusätzliches Wissen tragen die Kinder mit Ihrer Hilfe zusammen und machen sich auf den Weg, zum Weltwissen-Weltmeister oder kleinen Buchautoren.

Dabei gibt es nur ein „Richtig so" und der Erfolg steht von vornherein fest. Dinge kaufen kann ja jeder, sie sammeln und einsetzen fordert ein bestimmtes Denken und Handeln ein.

Wenn Kinder ihre so entstandenen Werke mit eigenen Worten erklären und schildern, welche Lösungswege sie eingegangen sind und welche Gestaltungsprobleme sie gemeistert haben, unterstützt das nicht nur ihr Sprachvermögen, logisches Denken und ihre Ausdrucksfähigkeit, sondern setzt Wege der Kommunikation und gegenseitigen Wertschätzung frei. Jede Lösung und Darstellung in den Kinderkunstwerken hat Freude, Fantasie, Konzentration und Lösungswillen zur Grundlage.

Collagen sind Aufgaben, bei denen unterschiedliche Materialien, nicht nur aus Naturschätzen, miteinander verwoben und integriert werden, um Ungewöhnliches entstehen zu lassen.

Schablonen können und dürfen die Kinder selbst gestalten und entwickeln. Wenn diese der Gruppe zur Verfügung gestellt werden, aktiviert dies das Selbstwertgefühl, die Selbstsicherheit und die Selbstachtung erheblich und macht das Kind stolz.

Malen und Zeichnen mit Wachsfarben, (wasserfesten) Filzstiften, Markierungsfarben, Plakat- oder Acrylfarben gehören zum alltäglichen Angebot genauso wie Wasser- oder Fingerfarben.

Beim Schneiden erkunden Kinder unterschiedliche Materialien, Materialstärken, Materialbeschaffenheiten mit unterschiedlichen Schneidewerkzeugen. Wird ein Cutter oder ein Schneidemesser eingesetzt, ist die Begleitung und Hilfe von Erwachsenen unabdingbar.

Textiles Gestalten interessiert auch Kita-Kinder. Diese Vorerfahrungen werden später in der Grundschule aufgegriffen, erweitert und vertieft.

Etwas zusammenzubinden, aufzureihen, Knoten zu binden oder Weberfahrungen zu sammeln, zählt ebenfalls dazu.

Technisches Gestalten bedeutet, Kennenlernen und Umgehen mit Kinderbohrer, Säge, Hammer, Nägeln oder Stecknadeln mit und ohne Glasknopf in unterschiedlichen Stärken sowie sicheres Hantieren mit Naturmaterialien.

Vielleicht entdecken Sie in diesem Buch **neue und ungewohnte Techniken**, die Ihnen fremd oder nicht so geläufig sind wie z. B. Frottage, Spritztechnik oder Formabdrücke. Nicht nur Kinder erfahren gern immer wieder Neues oder Ungewohntes.

Grundausstattung Ihres Kita-Kunst-Ateliers

Naturmaterialien oder „wertlose" Materialien, die sonst auf dem Müll gelandet wären, zählen dazu. Fundstücke wie Federn, Samen oder Nüsse werden gleichberechtigt mit einbezogen. Schmuckelemente wie Streumaterialien, Klebesterne, Watte, Glitzersteine oder Perlen werten die Bastelangebote auf, geben ihnen eine persönliche Note oder lassen diese funkelnd, ja märchenhaft und wertvoll erscheinen.

Zur Grundausstattung Ihres Kita-Ateliers zählt neben der angeborenen Sammelleidenschaft ein besonderer, auch erlernbarer, Blick und eine Kombinationsgabe für „wertlose, oft nutzlose" Dinge. Ein Tannenzapfen erinnert an eine Eule, ein Ei an eine Sonne, ein Baumblatt an einen Menschen. Diese inspirierenden Zufälle gilt es, kreativ umzudeuten und umzusetzen.

Kleister ist billig, lässt sich lange im verschlossenen Glas aufbewahren und ist ständig verfügbar. Mit ihm kann man problemlos die Kunstwerke am Fenster ankleben, ohne dass diese später beim Ablösen Spuren hinterlassen oder das Kunstwerk beschädigt wird.

Alleskleber stellt das Kind immer senkrecht in ein Glas und legt lose den Verschlussdeckel auf. So läuft der Kleber nicht aus. Hält das Kind die Tube immer am Tubenende fest, wird diese nicht mittig zusammengequetscht. Bei Watteeinsatz den Klebstoff grundsätzlich auf der Aufklebefläche auftragen, sonst verstopft die Tubenöffnung.

Klebepistolen nur in Begleitung Erwachsener einsetzen und Kaltklebepistolen verwenden.

Technicoll oder Leim eignet sich für Bastelarbeiten, die auf Styropor oder sonstigem Recyclingmaterial aufgeklebt oder verarbeitet werden.

Wie klebe ich richtig und sparsam? Indem das Kind erfährt, dass es nicht eine Fläche bestreichen muss, sondern dass mittig, in den Ecken oder am Rand Aufklebepunkte auf dem Material genügen.

Klebstoffflecke von Allesklebern lösen Sie in den meisten Fällen am besten umgehend mit Nagellack-Entferner auf, ehe die Kleidung gewaschen wird.

Das lohnt sich, zu sammeln

Werfen Sie dazu einen Blick in die einzelnen Angebote und werden Sie selbst kreativ und erfinderisch, befragen Sie die Kinder, Eltern und Großeltern. Die Kinder brachten oft Fundstücke in die Kita mit, die sie für wichtig, ja unentbehrlich hielten. Sie wurden gesammelt, aufbewahrt und plötzlich entstand eine Idee von und durch die Kinder, nur durch einen Blick in die Materialkisten. Sofort entwickelte sich eine ungewöhnliche neue Darstellungsmöglichkeit.

Wichtiges Arbeitsmaterial – die Schere

Demonstrieren Sie vor den Kindern, wie man eine Schere richtig und sicher hält oder transportiert. Scheren sind zum Schneiden, Einschneiden, Wegschneiden, Ausschneiden, Schneiden von Löchern usw. heiß begehrt und das Agieren damit ist sehr lustvoll. Schneiden fördert die Konzentration und stärkt neben der Feinmotorik auch die Fingergeschicklichkeit. Eine Schere trägt man grundsätzlich geschlossen und mit der Schneidefläche sowie Scherenspitze nach unten in der geschlossenen Faust, also ohne die Finger in die Scherenlöcher zu stecken. So kann sich das Kind bei einem Sturz nie selbst verletzen oder aus Versehen dem Partner die Haare abschneiden.

→ Für kleine Kinder eignen sich Scheren mit abgerundeter, stumpfer Spitze.
→ Für Linkshänder schaffen Sie bitte Linkshänder-Scheren an.
→ Kinder ab etwa fünf Jahren dürfen spitze Scheren zum exakten Schneiden einsetzen.

Gemeinsam arbeiten

Jedes Kind ist ein kleiner, individueller Künstler und seine Arbeit ist ein einzigartiges besonders Unikum. Aber erst als Plakat, Wandfries, Gemeinschaftsarbeit am Zimmerast, auf dem Tisch, am Fenster oder im Eingangsbereich wird ein „Gemälde" daraus. Jedes Kind ist dabei ein kleines, unverzichtbares Rädchen im Ganzen und ein wichtiger Baustein in der Gesamtwirkung. Gleichgültig, wie alt das Kind ist, welchen sozialen oder kulturellen Hintergrund es hat, ob es eine Behinderung, Entwicklungsverzögerung hat oder im Rollstuhl sitzt: Alle Kinder sind gleichwertig und ein unverzichtbarer Teil dieser Gruppe.

Dekorationsmöglichkeiten und Aufhängevorschläge

Einzelarbeiten: Die Einzelarbeiten der Kinder werden präsentiert. Achten Sie darauf, dass nicht das beste neben dem weniger gut geglückten Werk arrangiert wird.

Versetzte Bilder: Einzelbilder werden auf Lücke zum Teppich, Wandfries oder Kreis angeordnet und dazwischen mit passenden Materialien ergänzt. Weitere Zapfen, Blätter, Watteschneeflocken können frei eingefügt und integriert werden.

Ausstellungen: Auf einem Tisch präsentieren, am Zimmerast anbinden, an einem Reifen aufhängen, als Mobile gestalten, ein Fenster oder eine Tür schmücken oder an einer gezogenen Schnur mit Wäscheklammern aufhängen … Diese Ausstellungsmöglichkeiten sind auch für Kinder faszinierend und demonstrieren die Wertschätzung durch uns Erwachsene (siehe auch Präsentationsmöglichkeiten auf S. 13).

Weitere Tipps zur praktischen Durchführung

 Eigenversuche: Fertigen Sie ein Probeexemplar im Vorfeld an. Dabei entdecken Sie eventuelle Schwierigkeiten und Momente, in denen Sie verbal Tipps oder Hinweise einstreuen können.

Materialtisch gemeinsam vorbereiten: Besprechen Sie die Aufgabenstellung im Gespräch mit den Kindern. Suchen Sie mit den Kindern mögliche Materialien aus und präsentieren Sie diese auf einem Tisch. Hier kann jedes Kind Materialien auswählen oder umtauschen. Bei Bedarf können Sie die Sammelschätze in Behältern oder Plastikeimern mit aufstellen.

Geplante Aufgabe vorstellen oder vor den Augen der Kinder anfertigen: Führen Sie die Aufgabenstellung mit einem Rätsel, einer Frage oder einer kleinen Geschichte ein und lassen Sie die Kinder den zu erarbeitenden Gegenstand selbst herausfinden. Gestalten Sie vor den Augen der Kinder Schritt für Schritt ein Beispiel-Exemplar. Dabei dürfen die Kinder Tipps oder Hinweise zur Erstellung des Kunstwerkes formulieren, die Sie übernehmen und einbinden. Dies ist eine Brücke für Kinder, die noch nicht genügend Sprachkompetenz oder Sprachvermögen haben. Das Lernen beim Zuschauen ist dann einfach perfekt.

✓ **Schablonen:** Die Kinder entwickeln bei Bedarf selbst Schablonen oder Sie bereiten diese vor. Zeigen Sie, wie man diese auflegt, mit dem Bleistift umfährt oder bei Kreisformen ein Glas einsetzt.

✓ **Mehrfachschnitt:** Diese rationelle Technik ist geeignet, wenn Formen mehrfach benötigt werden. Dazu legt das Kind mehrere Papierblätter aufeinander, zeichnet oben z. B. das Pflanzenblatt auf und schneidet es auf einen Streich gleich mehrfach zu.

✓ **Entwicklungsverzögerte Kinder, Kinder mit Handicap, junge Kinder:** Stehen oder sitzen die Kinder um den Tisch herum oder arbeiten sie auf dem Boden, unterhalten sie sich, geben Tipps oder fragen: „Wie hast du das gerade gemacht?" Partnerschaftlich, im Team oder am Gruppentisch beraten, unterstützen sich die Kinder ohne Anleitung und spontan. Einer hilft dem anderen, wenn es nötig erscheint: „Kannst du mir mal die Kastanie festhalten? Zeigst du mir, wie man das befestigt?" Diese grundlegende Hilfsbereitschaft ist sehr wichtig. Ich helfe dir und du hilfst mir. Gemeinsam ist man stark und dann gelingt auch alles. Das Partnerkind erklärt und das hilfesuchende Kind erprobt es selbst. Sie als Pädagogin geben nur bei Bedarf verbale Anregungen und Tipps, dann schafft es das Kind auch selbstständig. Scheitern und ein neuer Startversuch muss, wie verlieren zu können, erfahren und gelernt werden. Niemand ist perfekt und ein angebliches Missgeschick führt meistens zu einem unerwarteten besonderen Ergebnis.

✓ **Abschlussgespräch:** Alle Ergebnisse werden zusammengelegt, zusammengestellt und angeschaut. Sind die besprochenen Kriterien erfüllt? Ist das Werk lustig, farbenfroh, formatausfüllend? Unterstützen Sie die Kinder, indem Sie zuerst etwas Positives, Bestärkendes sagen, um anschließend einen positiven Veränderungstipp oder Hinweis zu geben. Fragen sind ausdrücklich erwünscht: „Wie hast du das gemacht?", „Wie bist du auf diese Idee gekommen?", „War das schwierig?" Aber auch Feedback ist wichtig: „Das hast du toll gemacht. Heute hast du richtig Spaß gehabt und dich ganz arg angestrengt." Ehrliches Lob von Kindern für Kinder hat eine ungeahnte positive und animierende Wirkung und löst ein positives Echo aus.

✓ **Zukunft:** Lassen Sie die Kinder ruhig bei einer nächsten Bastelarbeit mitbestimmen, was sie machen möchten. Ich habe auch immer wieder die Kinder aufgefordert, ihr Basteltalent (unter meiner Anwesenheit) an jüngere Kinder weiterzugeben. Die Kinder fanden es toll, einmal „Lehrerin" oder „Lehrer" zu sein und in die Erwachsenenrolle zu schlüpfen. „Ist gar nicht so einfach, das mit dem Erklären, Zeigen und dem Zuhören, was die Kinder sagen und meinen", war dann ein aussagekräftiger, aber stolzer Kommentar.

 Bilder anordnen oder Mobiles formen: Bilder und Bastelarbeiten können unterschiedlich präsentiert werden und den Gruppenraum verschönern: Auf Scheibe, an Wolke, an Blätterhaufen auf Karton aufgeklebt, am überkreuzten Stab oder an Ästen, am Kleiderbügel, am Zimmerast, an auszubalancierenden Stäben eines Mobiles, an einer gestalteten Figur, als senkrechte Ketten …

Kunst aus Nussschalen, Bohnen, Nüssen & Co

Nüsse zu knacken macht nicht nur Kindern Spaß. Doch wohin mit den Nuss-schalen? Auch aus diesen Abfallmaterialien lassen sich schöne Kunstwerke erstellen. Dies erfordert neben Fantasie auch handwerkliches Können, Kombinationsgabe und Freude am Ausprobieren. Das Tun des Kindes ist hier frei von Vorgaben, das Ergebnis ist offen. Alles ist erlaubt und dadurch richtig. Mit dem nicht ganz einfachen Pinzettengriff von Daumen und Zeigefinger im Zusammenspiel gilt es, geduldig und konzentriert eine Bildentwicklung im Kopf umzusetzen. Dabei legt das Kind die Materialien zum Reliefbild dicht aneinander. Oben sehen Sie eine Blume aus Pistazienschalen.

Nuss-Gnome

Das brauchen Sie

Material: Walnüsse, Wattepads, Weihnachtsfolie, Wackelaugen, Pailletten, Perlen, Klebstoff

Werkzeug: Scheren

So wird es gemacht

Zuerst gestaltet das Kind seinen Walnuss-Kopf mit Wackel- oder Pailletten-Augen, Perlennase und Wattepads als Haare und/oder Bart. Alle Wunschteile klebt es an. Für die Kopfbedeckung, Kleidung und Arme schneidet es Halb- oder Viertelkreise zu und klebt diese zur Spitztüte zusammen. Die Kleidertüte oben etwas abschneiden, den Rand mit Klebstoff betupfen und den fertig gestalteten Kopf aufsetzen. Zum Schluss werden die Armtüten angeklebt.

Tipps

Arrangieren Sie gemeinsam mit den Kindern eine Moos-Zwergen-Wiese. Stecken Sie in Korken Zweige hinein, sodass ein Wald entsteht.

Hilfe nötig?

Animieren Sie die Kinder, sich gegenseitig zu helfen und Teile bei der Fertigstellung zu halten.

Nussschalen-Wiege

Das brauchen Sie

Material: halbe leere Walnuss,
kleine Kugel oder Perle,
Filzstift, Wollreste oder
Märchenwolle, Stoffreste,
Klebstoff, Aufhängefaden,
Band

Werkzeug: Scheren

Vorsicht beim Verzehr: Mögliche
Nussallergie beachten!

So wird es gemacht

Knacken Sie gemeinsam Walnüsse oder bitten Sie die Eltern, leere Walnuss-schalen bereitzustellen. Jedes Kind sucht sich seine Walnussschale aus und klebt seitlich im Innenteil den Wollfaden oder das Band ein. Probeweise darf die Wiege schon einmal angeschubst werden. Zuerst schneidet sich das Kind aus einem kleinen Stoffrest eine kleine Matratze, Kissen und Decke zu und stellt ein kuscheliges Bett her. Alle Teile klebt es mit wenigen Klebstoff-tupfern ein. Die Kopfkugel erhält ein aufgemaltes Gesicht und bei Bedarf Haare aus Wollresten oder Märchenwolle. Dann wird sie hineingelegt und der Kopf eingeklebt.

Tipps

Hängen Sie die Bastelarbeiten am Zweig auf. Ohne Band wird daraus Tisch-schmuck oder eine Einladung. Lernen Sie mit Ihren Kindern ein Wiegenlied und singen Sie das „Kind" in den Schlaf.

Hilfe nötig?

Bitten Sie die Kinder, sich beim Bettenbau gegenseitig zu helfen und die Wiege festzuhalten.

Zwergengesellschaft

Das brauchen Sie

Material: große Walnuss, Erdnuss oder kleine Kugel, Filzreste, Band, Filzstifte, Klebstoff

Werkzeug: Scheren, Nadel, Faden

So wird es gemacht

Zuerst gestaltet das Kind den Erdnusskopf und zeichnet das Gesicht auf. Aus Filz schneidet es einen Halbkreis zu und bastelt die Zwergenmütze. Walnussbauch und Erdnusskopf klebt es aufeinander. Das Kind nimmt ein Band oder einen schmalen Filzstreifen als Schal. Ein Aufhängeband zieht es mit der Nadel durch.

Tipps

Hängen Sie mit den Kindern das Zwergen-Ballett an einem Zweig auf.

Igelchen

Das brauchen Sie

Material: Hagebutten, Walnusshälften, Tannenzweig, Beeren, Wackelaugen,
Zahnstocher aus Holz, Klebstoff

Werkzeug: Scheren

So wird es gemacht

Walnuss-Tannen-Igel: Jedes Kind holt sich seine Zutaten am Materialtisch
ab, wählt eine Beere für die Nase, Wackelaugen und eine Tannenzweigspitze
aus. Dann klebt es alle Igelteile mit Klebstofftupfern auf.

Hagebutten Igel: Das Kind gestaltet zuerst das Igelgesichtchen. Dann
bricht es die Zahnstocher in kleine Teile und steckt damit das klitzekleine
Stachelkleid. Hinweis: Die Hagebutte schrumpft im Laufe der Zeit.

Tipps

Alle Igel treffen sich auf der Tisch-Mooswiese zum Igelplausch und erzählen aus ihrem Leben.

Walnuss-Mäuse

Das brauchen Sie

Material: halbe leere Walnüsse, Zapfensamen, Wackelaugen, Perlen, Kordel, gebogene Ästchen, Papierkreise oder Papierpailletten, Klebstoff

Werkzeug: Scheren

So wird es gemacht

Die Kinder deuten die Walnussschale in Mäusekörper um und legen diese mit der Öffnung nach unten auf den Tisch.

Der linken Maus klebt das Kind Ohren aus Tannenzapfensamen an, fügt eine Strauch-Samennase, Wackelaugen und einen Zweigschwanz hinzu.

Die rechte Maus erhält Ohren aus Papierkreisen oder umgefalteten Papier-Pailletten, eine Perlennase und den Kordel-Schwanz.

Tipps

Lassen Sie die Kinder alle Mäuse auf einzelne Herbstblätter aufkleben oder in Kombination mit den Igelchen einen tierischen Herbsttisch arrangieren.

Erdnusszwerge am Tannenzweig

Das brauchen Sie

Material: Erdnüsse mit Schale, Wasserfarben, Filzstifte, Wollreste, Stoffband, Bastelpilze, Beeren, Zweige, Tannenzapfen, Kleber

Werkzeug: Scheren

So wird es gemacht

Die Erdnüsse bemalen, Wollband oder Stoffband als Schal anbringen. Auf den vorbereiteten Zweig setzen die Kinder Pilz und Beeren. Anschließend werden die Kunstwerke aufgehängt.

Tipps

Binden Sie die Erdnusszwerge am Zweig an, oder setzen Sie diese auf Tannenzweige.

Weihnachtsschmuck

Das brauchen Sie

Material: Karton, Bleistift, Klebstoff, getrocknete Bohnen, Erbsen, Mais, Pistazienschalen, Linsen in allen Farben, kleine Nudeln, Pfefferkörner in unterschiedlichen Farben, Band, Wackelaugen,

Werkzeug: Scheren, Locher

So wird es gemacht

Bitten Sie die Kinder, mit dem Bleistift die gewünschte Form aufzuzeichnen, diese dann auszuschneiden und ein Loch zum Aufhängen herauszustanzen. Das Kind bestreicht diese Formvorlage Stück für Stück mit Klebstoff und belegt sie mit seinen Wunschmaterialien z. B. in Herzform, in Reihen oder bunten Mustern. Engel dürfen Wackelaugen und Engelshaar erhalten. Zum Schluss fädelt das Kind das Band durch das Aufhängeloch.

Tipps

Ordnen Sie mit den Kindern eine Herzgalerie oder die Kunstwerke als Wandfries an.

Erdnuss-Kränze

Das brauchen Sie

Material: Bindedraht, dicke Nadel und Garn, (gebrauchte) Schleifen, Erdnüsse mit Schale

Werkzeug: Schneidegerät, Dosenpiekser

So wird es gemacht

Das Kind legt vor sich seine ausgewählten ganzen Erdnüsse hin. Mithilfe von Nadel und Faden oder Bindedraht fädelt es die Erdnüsse zu einer Kette auf. Es darf auch mit dem Piekser oder Kastanienbohrer in die waagerecht gelegten Erdnüsse Löcher vorbohren. Zum Schluss bindet das Kind die Kette zum Kranz zusammen und bringt die Schleife an.

Tipps

Hübsch sehen dazwischen auch mit Wasserfarben angemalte Erdnüsse aus. Hängen Sie die Erdnusskränze am Kita-Weihnachtsbaum auf.

Hilfe nötig?

Möglicherweise sollten Sie die Kinder beim Einfädeln des Fadens in das Nadelöhr unterstützen.

Foliensterne mit Walnussschalen

Das brauchen Sie

Material: Weihnachtsfolie, Sternschablone, Band, Walnussschalen, Bleistift, Klebstoff

Werkzeug: Scheren, Locher

So wird es gemacht

Das Kind legt mehrere Folienteile aufeinander, obenauf legt es die Schablone und umfährt diese mit dem Bleistift. Im Mehrfachschnitt erhält das Kind in einem Arbeitsvorgang mehrere Sternschablonen und kann mehrere Sterne basteln. Es stanzt in eine Sternspitze mit dem Locher ein Loch hinein, zieht das Band durch oder klebt es einfach an. Die Ränder der Walnusshälften bestreicht es mit Klebstoff und klebt sie beidseitig mittig auf dem Stern auf.

Tipps

Bieten Sie den Kindern auch Körper-Schablonen von Käfer, Eule und Schmetterling an.

Kunst aus Herbstblättern, Herbstfrüchten, Moos und Gräsern

Wenn im Herbst die Bäume ihr buntes farbenfrohes Herbstkleid anziehen, entdecken Kinder spontan ein seit Jahrhunderten beliebtes Spiel: Eine Blätterschlacht durchzuführen – auch im Kita-Flur – oder raschelnd durch den neuen Naturbodenteppich zu laufen. Aus Blättern lassen sich wunderbar Bilder, Girlanden, Collagen, Laternen, Lichtergläser oder Theaterfiguren gestalten. Hier erproben die Kinder auch eine faszinierende, ungewöhnliche, besondere Gestaltungstechnik: Das überlappend aufzuklebende Schichtbild aus dem Naturprodukt Blätter. Das Kind arbeitet dabei immer von oben nach unten oder vom Tier-Popo zur Schnauze nach vorne. Diese Kunstwerke können durch Laminieren haltbar gemacht werden. Gleichzeitig darf gemeinsam ein riesiger Herbst-Blätterbaum auf einer Tapetenrolle angefertigt werden. Der Fantasie sind keine Grenzen gesetzt. Blattabdrücke, Ketten, Mandalas oder Herbst-Lichtergläser geben nur einen Ausschnitt der Ideenvielfalt wider, die die Kinder selbst erprobt und entwickelt haben. Oben sehen Sie einen Igel aus Blättern beim Wurm-Abendbrot.

Kompositionen aus Herbstblättern

Das brauchen Sie

Material: gesammelte Herbstblätter, Papier zum Aufkleben, Kleister, Wackelaugen, Pailletten, Perlen, Filzstifte (Siehe Einzelbeschreibungen.)

Werkzeug: Scheren, Pinsel

Vorbereitung: Blätter aller Art und Größe sammeln und bereitstellen.

So wird es gemacht

Sammeln Sie mit den Kindern mögliche Gestaltungs-Themenbereiche und Motive. Jedes Kind überlegt sich, welche Materialien es für sein Wunschthema benötigt.

Bäume und Büsche: Das Kind malt mit Kleister eine Baum- oder Buschform auf das Aufklebepapier vor. Danach legt es mit verschiedenen Blättern seinen Ahornfrüchtebaum, Farnbaum oder Busch. Mit Perlen, Pailletten und/oder Blüten verziert es seine Pflanze noch.

Vogel: Mit verschieden großen Blättern gestaltet das Kind formatfüllend den Bauch und die Flügel des Vogels. Farn eignet sich für den Hals, Efeu für den Kopf und Teile eines Ahornblattes für den Schnabel. Es fügt Wackelaugen und Schwanzfedern aus kleinen überlappenden Blättern und Füße aus einem mittig durchgeschnittenen Herbstblatt hinzu.

Eine große Blättereule: Das Kind legt sich für den Eulenkörper kleine Blätter zurecht. Mit Kleister malt es wieder formatfüllend den Umriss der Eule auf. Nun füllt es den Körper von unten nach oben mit sich überlappenden unterschiedlichen Blättern aus. Der Eulenkopf besteht aus einem waagerecht gelegten großen Blatt. Die Blattaugen schneidet das Kind mit der Schere zu und ergänzt diese mit Wackelaugen. Mit Teilen von Ahornblättern gestaltet es die Eulenohren und den Schnabel. Aufgeklebte Blattfüße ergänzen seine Blättereule. Nun fehlen nur noch Farn oder Ästchen als Sitzgelegenheit, diese fügt es ein.

Blättercollage Ozean

Das brauchen Sie

Material: Blätter, Wackelaugen, Klebstoff, großes Aufklebeblatt DIN A3

Werkzeug: Scheren

So wird es gemacht

Das Kind fertigt einzelne Fische an. Es darf auch Blattteile zuschneiden. Es bestreicht die Blattrückseite mittig mit Klebstoff, sodass die Blattränder abstehen und der Fisch eine lebendige Form erhält. Nun fehlen nur noch die Wackelaugen.

Tipps

Jedes Kind gestaltet sein eigenes Ozean-Bild. Arrangieren Sie mit den Kindern einen Ozean-Wandfries oder bitten Sie die Kinder, ihren Lieblingsfisch noch einmal einzeln nachzugestalten, damit ein großes Ozeanplakat als Blickfang entstehen kann. Bieten Sie den Kindern als Untergrundpapier blaues Tonpapier an oder lassen Sie sie auf ihrem Papier mit Wasserfarben zuvor den Ozean ausmalen.

Herbstketten

Das brauchen Sie

Material: Herbstblätter (frisch oder gepresst), dunkles Tonpapier, Klebstoff, Kordel oder Band

Werkzeug: Scheren

So wird es gemacht

Zuerst sucht sich das Kind aus den zuvor gesammelten Herbstblättern seine Lieblingsfarben und -formen aus und klebt diese als Girlandenreihe auf dem Tonpapier an einer Kordel oder einem Band fest.

Tipps

Es können auch Blätterketten senkrecht untereinander aufgereiht und als Tanz-Mobile aufgehängt werden. Bitten Sie die Kinder, dazwischen Kastanien, ganze Erdnüsse oder Hagebutten einzufügen. Zeigen Sie größeren Kindern, wie man mit Nadel und Faden die Blätter aneinander näht und lassen Sie vorgebohrte Kastanien und andere Herbstfrüchte einfügen.

Hilfe nötig?

Bitten Sie bei der Nähaufgabe die Kinder, Partnerschaften einzugehen und sich gegenseitig beim Bohren der Löcher oder Einfädeln des Garns zu helfen. Stehen Sie als Hilfsperson zur Verfügung.

Herbstblätter-Frottage

Das brauchen Sie

Material: gesammelte Herbstblätter aller Art und Größe, weißes Faltpapier oder Blätter vom Notizklotz, Wachsmal- oder Buntstifte

So wird es gemacht

Ihre Kinder werden von dieser Technik begeistert sein. Das Kind wählt sich sein Baumblatt aus, legt es auf den Tisch und deckt es mit einem weißen oder hellen Faltblatt ab. Den Stift hält es nun waagerecht und reibt mit seiner Wunschfarbe darüber, bis ein Abdruck sichtbar wird. Dabei darf das Kind auch experimentell mit unterschiedlichen Farben darüber reiben, es entstehen buntfarbige Blätter.

Tipps

Besprechen Sie die Anordnungsmöglichkeiten mit den Kindern und lassen Sie sie eigene Ideen ausprobieren. Jedes Kind ordnet seine kleine Sammlung auf einem großen Blatt an. Alle fertigen Bilder reihen Sie zum Wandfries oder kreisförmig an. Regen Sie die Kinder an, die abgeriebene Blattform und das jeweilige Blatt aufzukleben oder die Abreibe-Aufgabe auszuschneiden und auf einem Plakat anzuordnen. Sie können auch alle Blätter mit Nummern versehen und unten die Nummern mit dem jeweiligen Baumnamen notieren. Mit einer Blattleiste decken Sie diese Informationen ab und bieten diese als besondere Lösungskontrolle an. Ein Blatt-Memospiel aus echtem und Abreibeblatt lässt sich ebenfalls herstellen. Lassen Sie die Kinder weitere flache Abreibedinge finden und erkunden, z. B. im Raum: Münzen, Schuhsohlen, die Kita-Wand oder im Freien: Baumstamm, Steine.

Spritztechnik

Das brauchen Sie

Material: weißes oder helles DIN-A4-Blatt, Herbstblätter, Klebstoff, Teesieb, Wasserfarben, Wasserglas, alte Zahnbürste

So wird es gemacht

Fordern Sie die Kinder auf, ein bis zwei Wunschblätter vom Blätter-Tisch auszuwählen. Das Kind fixiert diese mittig mit einem Tupfer Klebstoff auf seinem Arbeitsblatt. Mit der Zahnbürste als Pinselersatz nimmt es nun Wasserfarbe auf, hält das kleine Sieb direkt über sein aufgeklebtes Blatt, rührt mit der Zahnbürste wie beim Kuchenbacken darin um und beginnt, sein Blatt zu besprühen. Geduldig lässt das Kind sein Werk trocknen, ehe es das echte Herbstblatt vorsichtig ablöst, um seine Sprühkunst zu bewundern.

Tipps

Lassen Sie die Kinder diese Technik für eine Einladung umsetzen. Bitten Sie die Kinder, auch andere flache Dinge experimentell zu erkunden. Durch diese Technik reduziert sich der Gegenstand als farbiges Schattenbild.

Wasserfarben-Abdruck

Das brauchen Sie

Material: Herbstblätter, helles Blatt Papier, Wasserfarben, Pinsel

So wird es gemacht

Das Kind bestreicht die Oberseite seines Herbstblattes mit Wasserfarbe(n), legt danach sein helles Blatt Papier darauf, reibt mit seiner Handkante fest darüber, ehe es sein Papierblatt entfernt und den Abdruck bestaunt.

Tipps

Diese Technik eignet sich wunderbar zur Laternengestaltung, für die Herstellung von Fensterbildern, Wandfriesen oder Einladungen zum Martinstag.

Mandala Herbstbaum

Das brauchen Sie

Material: Herbstblätter, Herbstfrüchte, Zweige, Blüten, alte Äste, Klebstoff, eventuell dunkles Tuch oder Tischdecke

Werkzeug: Scheren

So wird es gemacht

Sammeln Sie mit den Kindern beim Herbstspaziergang Materialien. Im Brainstorming erkunden Sie mit der Gruppe, welche Form ihr Baum haben soll, aus welchen Teilen er besteht und was ein Mandala ist. Die Kinder wählen nun den Mittelpunkt aus und beschließen Schritt für Schritt, mit welchen Materialien der nächste Baumring gelegt werden soll. Ist die Baumkrone gestaltet, wird ein Ast als Baumstamm hinzugegeben und die Wiese mit einer Blattsorte gelegt.

Tipps

Präsentieren Sie dieses Naturwunder auf dem Herbstfest oder lassen Sie dieses Kunstwerk im Eingangsbereich Ihrer Einrichtung bestaunen. Sie können mit den Kindern den Baum auch auf blauen Tonkarton aufkleben und aufhängen.

Herbstblätter-Mann

Das brauchen Sie

Material: große und längliche
Blätter, immergrüner
Zweig, Wackelaugen,
Mohnblätter,
Samen, Beeren,
Wackelaugen,
Aufklebepapier und
Klebstoff oder Tuch,
Tisch, Decke

Werkzeug: Scheren

So wird es gemacht

Das Kind beginnt, mit dem
großen Bauchblatt seine Figur
zu legen. Anschließend fügt
es Schritt für Schritt Hände
und Beine hinzu. Den Kopf gestaltet es aus immergrünen zurechtgeschnit-
tenen Zweigen, fügt für das Gesicht Materialien hinzu, ehe es die Beeren-
haare gestaltet. Dann schneidet das Kind noch ein Blatthalstuch zu und
bringt Samen-Knöpfe an.

Tipps

Regen Sie die Kinder an, weitere menschliche und tierische Figuren zu erfinden. Arrangieren Sie eine Herbstausstellung und präsentieren Sie die
Kita-Kinder als Künstler. Besprechen Sie mit den Kindern, welche Beeren
ungiftig sind. An einem Spielmittag können giftige und ungiftige Beeren mit
Kindern und Eltern gesammelt und diese Eigenschaften verinnerlicht werden.

Blätterbäume

Das brauchen Sie

Material: Aufklebepapier, Blätter, Farn, Ahornsamen, Klebstoff

So wird es gemacht

Lassen Sie die Kinder zuerst experimentell aus Materialien einen Baum legen. Das Kind überträgt seine Endform Schritt für Schritt auf das Papier. Mit Klebstoff bringt es auf seinem Papier Klebepunkte an und klebt aus einem großen Blatt eine formatfüllende Baumkrone auf. Diese darf es mit kleineren Blättern gerne umrunden. Als Baumstamm und für die Wiese wählt das Kind weitere Blätter, Farn oder Gräser aus.

Tipps

Ordnen Sie mit den Kindern alle Bäume zu einer Baumallee an. Oder stellen Sie einen Wandfries aus Einzelbäumen, Menschen und Tieren zusammen.

Herbst-Lichterglas

Das brauchen Sie

Material: saubere Marmeladengläser mit großer Öffnung, Beeren, Herbstfrüchte, Moos, Blätter, dicken Kleister, Teelichter

Werkzeug: Scheren

So wird es gemacht

Das Kind bestreicht das Marmeladenglas außen mit Kleister und drückt seine Wunschmaterialien auf. Es überstreicht seine Klebearbeit anschließend vorsichtig mit Kleister und fügt weiteres Material ein. Zuletzt bringt es eine Kleister-Schutzschicht auf, damit sein Werk lange haltbar ist. Nach dem Trocknen setzt das Kind sein Teelicht ein und zündet es an.

Tipps

Lassen Sie das Glas zuerst außen mit gelbem oder orangem Transparentpapier bekleben und dann erst die Blätter auflegen. Bei Herbsträtseln genießen alle das Lichtermeer. Auch schön als Tischschmuck beim Herbstfest oder zum Verschenken als Lichterglas.

Hilfe nötig?

Nur unter Ihrer Aufsicht darf das Teelicht entzündet werden. Ehe Sie und die Kinder den Tisch verlassen, darauf achten, dass das Licht ausgepustet wurde.

Wiesen-Lesezeichen, -Karten

Das brauchen Sie

Material: Gräser, Wiesenblumen, Tonpapier, Kleister, Klebstoff oder Kleister, bunten Vogelsand, Papiertaschentuch

Werkzeug: Scheren

Vorbereitung: Wiesenblumen, Gräser sammeln, zwischen Zeitungen pressen und Bücher zum Beschweren darauflegen.

So wird es gemacht

Schneiden Sie Lesezeichen-Tonpapierstreifen und/oder Klappkarten zu. Das Kind bestreicht den Papierstreifen gut mit Klebstoff und streut etwas Vogelsand auf. Es arrangiert Wunschgräser und Blumen und tupft alles vorsichtig mit einem Papiertaschentuch fest. Nach dem Trocknen schüttelt das Kind die Sandreste ab.

Tipps

Lesezeichen und Karten zum Verschenken herstellen. Ermuntern Sie die Kinder, diese zu einem Wiesenwandfries anzuordnen. Notieren Sie die Namen der Gräser und Blumen auf einem Klebeband darunter, um das Wiesenwissen zu erweitern.

Bildcollage Herbstblätter-Vögel

Das brauchen Sie

Material: Herbstblätter (echt oder aus Textil), Wackelaugen, Filzstifte, Faltpapier, Aufklebepapier, Streublüten, Sonnenblumenkörner, Kordel, Klebstoff

Werkzeug: Scheren

So wird es gemacht

Das Kind wählt sein Aufklebeblatt und Baumblatt aus, deutet es zum Vogelkörper um und legt es zur Probe auf das Faltpapier. Sobald es die richtige Position hat, klebt es den Vogelkörper mit etwas Klebstoff fest. Kopf, Schnabel und Füße zeichnet es mit Filzstiften oder anderen Farben dazu. Mit Attributen wie Wackelaugen, Blüten, Kordel-Wurm oder Sonnenblumenkernen gestaltet es sein Bild fertig.

Tipps

Mit Ihrer Hilfe arrangieren die Kinder ihre Einzelarbeiten auf einem Karton und gestalten einen Vogel-Wandteppich. Sie sind auch als Einladungs- oder Tischkarten ein Blickfang.

Herbstblätter-Spatelgesichter

Das brauchen Sie

Material: Holzspatel, Herbstblätter (echt oder aus Textil), Wackelaugen, Blüten, Knöpfe, Sterne, Pfeifenputzer, Pailletten, Klebstoff

Werkzeug: Scheren

So wird es gemacht

Der Spatel bildet den Körper oder ist ein kleiner Führungsstab. Das Kind wählt ein oder zwei Herbstblätter aus und klebt diese oben auf den Spatel. Je nach eigener Vorstellung fügt es Wackelaugen, Pfeifenputzer-Mund und Kopfschmuck ein. Ist alles gestaltet, kontrolliert es, ob die Zutaten gut aufgeklebt sind und halten.

Tipps

Zeigen Sie den Kindern, dass Arme aus Papier, Blattteilen oder Pfeifenputzern reizvoll sein können. Diese Blattgesichter ohne Stab eignen sich wunderbar für Karten oder um daraus einen Wandfries zu gestalten. Regen Sie die Kinder an, mit den Spatelfiguren eine Herbstgeschichte, einen selbst ausgedachten Dialog, ein Gedicht oder einen Herbstblättertanz darzubieten.

Herbstblätter-Collagen

Das brauchen Sie

Material: Herbstblätter
(echt oder aus Textil), Klebstoff, Aufklebepapier,
Wackelaugen, Zweige, Wat-
tepads, Glitzersteine, Maskenschablone, Hutschnur
(Siehe auch
Einzelbeschreibung.)

Werkzeug: Scheren

So wird es gemacht

Hühnerfamilie: Aus geeigneten großen und kleinen Blättern klebt das Kind
Hühner und Küken auf. Bei Bedarf bringt es Blätterflügel an, zeichnet Beine
und Schnabel dazu und fügt Streukäfer, Zweige oder Haferflockenfutter
ein.

Ein Riesenwal: Das Kind gestaltet den langen Walkörper aus einem besonders langen und großen Blatt. Mithilfe von weiteren Blättern und Filzstiften
gestaltet es Flossen und das Atemloch. Kleine Muscheln bilden den Meeres-
boden, und es malt Wellen und Pflanzen dazu.

Bäume: Aus großen Blättern gestaltet das Kind seine Blattkronen und klebt
sie auf. Ein Stamm entsteht durch einen Zweig oder den Teil eines Astes.
Gibt es noch Perlen, Pailletten und Halbkugeln als Baumfrüchte dazu, entstehen besondere, auch märchenhafte Bäume. Blätter werden zum Grasbo-
den umgedeutet und vervollständigen diese Arbeit.

Krokodil: Dazu benötigt das Kind für die Körperform ein langes, großes
Körperblatt. Mit der Schere schneidet es das Maul aus und zu. Kleine
Rücken-Schwanzblätter fügt es senkrecht hinzu und gestaltet Augen,
Filzstift-Zähne und den Boden.

Elefant: Das Kind gestaltet den mächtigen Elefantenkörper aus einem großen Bauchblatt. Als Kopf fügt es ein herzförmiges Blatt hinzu und integriert
rote Ahorn-Ohren. Aus Farn entstehen gebogene Stoßzähne, aus kleinen
Blättern Füße und Rüssel, aus einem Pfeifenputzer der Mund. Ein Schwanz
aus einem Blatt und der Federkopfschmuck vervollständigen ihn.

Gespenster: Das Kind wählt blasse, helle Herbstblätter als Körper aus und klebt diese auf. Es fügt eine Perlennase und Wackelaugen ein, zeichnet Haarbüschel dazu, gestaltet aus Wattepads Wolken und fügt glitzernde Klebesterne ein.

Fuchs: Kopf, Bauch und Schwanz legt das Kind aus Eichen- und weiteren Blättern zum Körper. Attribute wie Füße, Ohren und Schwanzspitze schneidet es ebenfalls aus Blättern zu. In dieser Technik gestaltet es auch den Waldboden.

Frösche: Das Kind klebt ein großes Blatt als Froschkörper auf. Die Blattspitze ist der Popo. Aus kleinen Blättern bastelt es die vier sprungbereiten Füße und schneidet sich aus einem roten Pfeifenputzer das breite Froschmaul zu. Nun fehlen nur noch die großen Wackelaugen und fertig ist das glitschige Tier.

Maske: Bieten Sie den Kindern eine Maskenschablone an. Diese legt das Kind auf Karton auf, umfährt sie, schneidet sie zu und bringt mit dem Locher seitlich zwei Löcher für das Gummiband (Hutschnur) an. Das Kind beklebt die Maske kreisförmig mit großen Blättern.

Hilfe nötig?

Helfen Sie beim Anbringen des Gummibandes.

Tipp

Lernen Sie mit den Kindern ein Maskenlied und tanzen Sie mit ihnen beim Faschingsfest dazu.

Rentier: Körper, Kopf und Hals legt das Kind zuerst auf seinem Blatt auf, ehe es diese festklebt. Attribute wie Hörner, Ohren und Beine darf es zuschneiden und fügt zum Schluss die rote Rentier-Pompon-Nase ein. Gerne darf das Kind Boden und Pflanzen hinzufügen.

Kunst aus Kastanien, Eicheln und Tannenzapfen

Wurden früher Tannenzapfen für die Ofenheizung genommen, Kastanien den Rehen im Winter in die Futterkrippe gelegt, bleiben diese heute oft unbeachtet liegen. Dabei eignen sich Kastanien, Eicheln und Zapfen für spannende, experimentelle Kunstwerke im dreidimensionalen Bereich, auch für sich real bewegende Kunstwerke wie Mobiles. Kinder basteln in der Kita Kastanienketten und Kastanienmännchen. Diese zu sammelnden Schätze leiten das Kind von seinen Einzelprodukten hin zur lustmachenden Teamarbeit oder zum Erstellen eines Gruppenkunstwerks wie z. B. große Mandalas im Sandkasten oder auf dem Gruppentisch. Mandalas im Freien werden allerdings leicht vom Wind verweht! Zapfen lassen sich das ganze Jahr über fantasievoll mit weiteren Naturmaterialien kombinieren. Dabei erkunden und schärfen die Kinder ihre haptischen Sinne und erforschen unterschiedliche Tastmöglichkeiten, um diese bewusst wahrzunehmen und sich darüber auszutauschen. Oben sehen Sie einen Igel aus einer Esskastanienfrucht samt Blatt.

Großes Windspiel aus Herbst-Naturmaterialien

Das brauchen Sie

Material: (gesammelte) lange und kurze Aststücke, Tannen- und Kiefernzapfen, Kastanien, Kordel

Werkzeug: Bohrer, Deckenhaken

So wird es gemacht

Unter Ihrer Anleitung dürfen die Kinder die gesammelten Äste in den Schraubstock einspannen und die Löcher bohren. Alternativ bohren Eltern die Löcher im Vorfeld hinein. Binden Sie gemeinsam mit den Kindern drei lange Astteile zum Kreuz zusammen oder fädeln Sie diese mit der Kordel auf. Darunter fügen Sie gemeinsam die kurzen Äste ein sowie locker dazwischen Zapfen oder Fundsteine mit Loch, rutschsicher mit Halteknoten versehen. An den Enden der Zweige können ebenfalls mit Zwischenknoten versehen weitere zu Kettenschnüren gestaltete Zapfen und/oder durchbohrte Kastanien angebunden werden. An einem Deckenhaken aufgehängt ist das Windspiel ein toller Blickfang im Freien oder im Eingangsbereich.

Tipps

Lassen Sie die Kinder im Kleinformat ein persönliches kleines Windmobile entwickeln.

Hilfe nötig?

Planen Sie Begleitung, Unterstützung durch Väter oder Eltern mit ein. Dies ist auch ein wunderschönes Angebot für den Kinder-Papa-Tag.

Kastanien-Zapfen-Schnecken

Das brauchen Sie

Material: Kastanien, Zapfen, Knete oder doppelseitiges Klebeband, Zahnstocher, Walnusshälften, ganze Erdnüsse, Klebstoff, Wackelaugen

Werkzeug: Kinderbohrer

So wird es gemacht

Zuerst bohren die Kinder, auch in partnerschaftlicher Hilfe, die benötigten Kastanien an. Diese verbinden sie mithilfe von halben Zahnstochern oder Knete zum Schneckenkörper. Den Schneckenkopf stecken sie senkrecht ein und Schneckenaugen an. Als Schneckenhaus wird ein trockener Tannenzapfen mit Knete befestigt. Alternativ besteht der Schneckenkörper aus Walnussschalen, die mit Knete zum Körper zusammengefügt werden. Eine ganze Erdnuss fungiert als Kopf.

Tipps

Alle gestalteten Schnecken treffen sich auf dem Fensterbrett zum Schneckenspaziergang.

Rosskastanienfrucht-Igel

Das brauchen Sie

Material: Rosskastanien-Früchte, Wackelaugen, Perlen, Klebstoff

So wird es gemacht

Die Kinder sammeln ganze Kastanienfrüchte, welche sie blitzschnell mithilfe von aufgeklebten Wackelaugen und Perlennasen in Igel verzaubern.

Tipps

Die Igel berichten den Kindern aus ihrer Igelfamilie. Wird noch ein Kastanienhase dazu erfunden, wird das Märchen/Bilderbuch: „Wettlauf zwischen Hase und Igel" lebendig. Setzen Sie mit den Kindern alle Igel in ein Herbst-Blätterbett.

Mandalastern-Blume

Das brauchen Sie

Material: Herbstblätter, Tannenzapfen, Wiesengras, Muscheln, Nüsse, Herbstfrüchte, bemalte Steine

Vorbereitung: Rechtzeitig Materialien sammeln und bereitstellen.

So wird es gemacht

Sammeln Sie mit den Kindern die Materialien. (Alternativ können die Kinder auch mit ihren Eltern sammeln.) Beginnen Sie bei diesem Gemein-schaftsprojekt in der Mitte mit Herbstfrüchten. Nüsse und Muscheln bilden weitere Innenkreise. Daran schließt sich die Wiesengras-Sternblüte an. In die Zackenlücken kann man Herbstblätter mit aufgelegten großen Muscheln und selbst gestalteten Steinen einfügen. Als Außenkreis dienen Tannenzap-fen und zum Abschluss umkränzen Herbstblätter das Ganze.

Tipps

Als wunderschöner Herbstfest-Abschluss in der Kita gestalten Eltern und Kinder im Hof, Sandkasten oder Garten ein riesiges Naturmaterial-Mandala. Mandalas lassen sich im Raum, auf dem Boden, auf Styroporplatten oder auf dem Tisch legen.

Vier-Himmelsrichtungen-Mandala

Das brauchen Sie

Material: ganze Erdnüsse, Kastanien, Federn, Herbst-
blätter, Schneckenhäus-
chen, Kieselsteine, kleine
Tortendeckchen, Wal-
nüsse, gestaltete Steine,
Blumenköpfe

So wird es gemacht

Auf zarten Chiffontüchern oder
einem Bodentuch gestalten die
Kinder ihr Mandala, das sich während des Legens spontan entwickelt. Die Kinder müssen sich
ständig absprechen, welche Materialien und geometrische Form sie
realisieren möchten. Begonnen
wird mit der Gestaltung des
Innenkreises. Dieser wird erweitert und vergrößert. Von dort zweigen die
vier Himmelsrichtlinien oder Strahlen ab und teilen das Mandala auf. Die
Innenflächen gestalten die Kinder gemeinsam aus. Zuletzt beschließt z. B.
ein Erdnusskreis das Mandala.

Tipps

Bei einem Fest in der Einrichtung bilden Eltern, Kinder und Gäste für einen
Wettbewerb kleinere Teams. Urkunden oder kleine Preise zeichnen alle Teil-
nehmerinnen und Teilnehmer aus. Mandalas können auch zum Erntedank-
fest aus Obst, Gemüse und Feldfrüchten als Blickfang gestaltet werden.
Danach werden die Früchte z. B. an ein Altenheim oder einen Tafelladen
weitergeleitet oder in der Einrichtung verarbeitet und genüsslich verspeist.

Spinnennetz-Kastanien

Das brauchen Sie

Material: große Kastanien, kleine Perlen, Wolle, Schaschlikstäbe, alternativ dicke Styroporstücke mit aufgeklebter mittiger Kastanie, Wollreste

Werkzeug: Kinderbohrer

So wird es gemacht

Das Kind bohrt in eine große Kastanie 4 bis 6 Löcher. Alternativ können Sie die Stäbe für junge Kinder in ein dickes Reststyroporstück hineinstecken und oben eine Schmuck-Kastanie aufkleben. Das Kind bricht die Schaschlikstäbe mittig durch und steckt die Spitzen fest in die Kastanienlöcher hinein. Es fädelt die Schmuckperlen auf die Stäbe, dann beginnt es mit dem Webvorgang.

Tipps

Zeigen Sie den Kindern, wie man diese Kunstwerke als Tischdekoration auf ein Tuch oder eine Serviette setzt. Hängen Sie diese an der Wand oder an einem Stab in unterschiedlichen Längen auf. Als Alternative geht auch der Zimmerast oder ein Eimer mit Zweigen. Regen Sie die Kinder an, mittig auf die Kastanie oder in das Netz kleine gebastelte Pfeifenputzer oder Kastanien-Spinnen zu setzen.

Kleiner Baumschmuck

Das brauchen Sie

Material: Garn, getrocknete Orangen, Apfelscheiben, Perlen, Herbstfrüchte, kleine Zapfen

Werkzeug: dicke Stopfnadel

So wird es gemacht

Das Kind legt sich sein benötigtes Wunschmaterial bereit. Aus Orangenscheiben und Perlen fädelt es mit der Nähnadel seine Wunschkette auf. Zuletzt bindet oder klebt es den kleinen Abschlusszapfen an.

Tipps

Ordnen Sie die Gehänge am Einrichtungs-Weihnachtsbaum, an einer gezogenen Schnur, an einem Zimmerast oder am Fenster als Mobile an.

Kieferzapfen-Igel

Das brauchen Sie

Material: Kiefer- und Tannenzapfen, Knete oder Modelliermasse, Wackelaugen, Perlen, Pailletten, Klebstoff

So wird es gemacht

Das Kind funktioniert den Zapfen zum Igelkörper um. Aus Modelliermasse oder Knete formt es die Schnüffelnase, modelliert die vier Beine und drückt alles im und am Zapfen an. Etwas Knete für die Wackelaugen eindrücken und fertig ist der Stachelritter.

Tipps

Alle Igel in unterschiedlichen Größen und Zapfenformen treffen sich im herbstlichen großen Blätterbett zum Igel-Winterschlaf. Oder Sie bauen ein Kartonhäuschen, legen eine Schachtel mit Zeitungspapier aus und fertig ist das imaginäre Überwinterungsquartier.

Kieferzapfen-Eichelvögel

Das brauchen Sie

Material: Kieferzapfen, Eicheln, weiche Flauschfedern, weiße Farbe, Goldlitze oder Band, Klebstoff, Wasserfarben

Werkzeug: Scheren

So wird es gemacht

Das Kind darf, wenn es möchte, den Zapfen anmalen. Nach dem Trocknen klebt es den Eichelkopf am Zapfenpopo auf, steckt eine weiche Flügel-Feder quer ein oder klebt diese an. Um den Kopf schlingt es ein Band und hängt den Vogel auf.

Tipps

Lassen Sie das Kind Wackelaugen und Papierschnabel anbringen sowie einzelne Flauschfedern für zwei Flügel und Schwanz. Stimmen Sie ein Vogellied an, und die Kinder lassen ihre Piepmätze dazu tanzen. Animieren Sie die Kinder, unterschiedliche Vögel zu basteln und das Singspiel „Ein Vogel wollte Hochzeit machen" nachzuempfinden.

Zapfen-Eichelgnom

Das brauchen Sie

Material: Kiefernzapfen,
Eicheln mit Hut,
Klebstoff, Wolle,
Filz

Werkzeug: Scheren

So wird es gemacht

Der Zapfen wird mit der Zapfenspitze nach oben zum Gnomen-Bauch umfunktioniert. Das Kind schneidet aus Filz den Kragen mit Sternspitzen oder einzelne Dreiecke zu und klebt dieses Material auf. Anschließend befestigt es den Eichelkopf mit Kleber und bindet das Wollband zum Aufhängen an.

Tipps

Die kleinen Gnome können die Kinder als Geschenkanhänger benutzen oder an einem Zweig aufhängen.

Bunter Kiefernzapfen

Das brauchen Sie

Material: Kiefernzapfen,
Märchenwolle,
Band

So wird es gemacht

Das Kind zupft von seiner Märchenwolle etwas ab und formt im Pinzetten-Griff (Daumen und Zeigefinger) kleine weiche Kugeln. Diese schiebt und drückt es in die Zapfenspalten hinein. An der Zapfenspitze knüpft es ein Band an und hängt den Farbzapfen in den Baum oder an einen Zweig.

Tipps

Stellen Sie Tannenzweige in einen Eimer und dekorieren Sie diese mit den Bastelarbeiten. Immer an einem bestimmten Tag treffen sich alle Kinder der Einrichtung, singen miteinander, Sie lesen eine kleine Geschichte vor oder die Kinder rezitierten ein gelerntes Gedicht.

Zapfen-Eule

Das brauchen Sie

Material: Kieferzapfen, Papier,
Klebstoff, Band,
Bleistifte, eventuell
Schablone

Werkzeug: Scheren

So wird es gemacht

Für das Kind wird der Zapfen zum Eulenkörper. Beim Gestalten zeigt die Zapfenspitze nach oben, hier wird der Kopf angebracht. Das Kind zeichnet auf doppelt gefaltetes Papier die Flügel auf und schneidet diese doppelt zu. Einem liegenden Viertelmond als Ohren fügt das Kind die beiden großen runden Augen an, gestaltet sie aus und klebt diese erst zum Kopfteil zusammen und dann am Zapfen an. Nach dem Befestigen eines Aufhängebandes kann die Zapfen-Eule aufgehängt werden.

Tipps

Laminieren Sie die Papierteile der Eulen für den Außenbereich. Sammeln Sie gemeinsam alles über Eulen und gestalten Sie daraus gemeinsam ein Eulenbuch oder -plakat. Beziehen Sie Sachbücher, Bilderbücher, Märchen und Geschichten über Eulen ein.

Tannenzapfen-Engel

Das brauchen Sie

Material: längliche Zapfen,
Wattekugeln,
Engelshaar, Filzstifte,
Bleistifte,
Weihnachtsfolie,
Klebesterne,
Klebstoff,
Verschlussdeckel,
Knete

Werkzeug: Scheren

So wird es gemacht

Das Kind drückt Knete in den Verschlussdeckel und stellt den Zapfen senkrecht hinein. Die Kugel bemalt es zum Gesicht, tupft Klebstoff auf und drückt das Engelshaar fest. Es faltet Weihnachtsfolie doppelt, zeichnet den Flügel auf und schneidet ihn doppelt zu. Dann schneidet es ein Streifenband zu und klebt es zu einem kleinen Ring zusammen, betupft diesen unten mit Klebstoff und setzt die Krone auf. Verziert wird der Engel noch mit einem kleinen Klebestern.

Tipps

Erfinden Sie oder die Kinder eigene kleine Engel-Geschichten. Zünden Sie eine Kerze an und genießen Sie gemeinsam den Augenblick. Stellen Sie die Engel zu himmlischen Heerscharen auf dem Weihnachtstisch zusammen.

Zapfen-Baum

Das brauchen Sie

Material: Kieferzapfen,
grünes Tonpapier,
Bieruntersetzer,
Klebstoff

Werkzeug: Scheren

So wird es gemacht

Das Kind schneidet ein grünes Rechteck zu, rollt es zur Röhre und klebt das Papierende fest. Unten schneidet es die Röhre ein und faltet die so entstandenen Wurzeln nach außen. Den Bieruntersetzer beklebt es mit einem größeren Stück Tonpapier, das wie eine Blüte geformt ist, oder es klebt das Tonpapier auf und schneidet danach den überschüssigen Rand ab. Den Baumstamm klebt es mittig auf und fügt den Zapfen als Baumkrone ein.

Tipps

Lassen Sie unterschiedlich gestaltete Bäume zum Märchenwald zusammen-stellen und mit Gebasteltem bereichern.

Weihnachtszapfen-Bäume

Das brauchen Sie

Material: Zapfen, Perlen, Girlanden, Deckelverschluss, Knete, Klebstoff, Schälchen (z. B. ehemalige Margarinebecher)

Werkzeug: Scheren

So wird es gemacht

Das Kind schneidet von Perlengirlanden einzelne Kugeln ab und bewahrt diese in einem kleinen Schälchen (Margarinebecher) auf. In die Verschluss-kappe drückt es Knete hinein und fügt den Zapfenbaum ein. In die Schuppen tupft es Klebepunkte und legt die Perlen hinein. Die Zapfenspitze dekoriert es mit einer Abschlusskugel.

Tipps

Zeigen Sie, wie man die Tanne mit Pailletten oder kleinen Glitzersteinen bestückt, ein Perlenband um den Zapfen schlingt oder Watteschnee auflegt. Stellen Sie die Tannen in einen Moosteller oder kreieren Sie auf dem Tisch einen Weihnachtsbaummarkt mit Watteschnee.

Kunst aus Ästen, Zweigen und Holzscheiben

Natürliche Holzmaterialien eignen sich nicht nur für ein Lagerfeuer oder um eine aufgesteckte Grillwurst daran zu braten, sondern fordern auch unvermittelt dazu auf, damit zu spielen oder zu basteln. Kombiniert mit weiteren Fundschätzen aus Wald und Flur entstehen mit Kreativität und kleinem handwerklichem Geschick Traumfänger, Geschenke, unterschiedliche Tiere oder Menschen. Diese Naturgeschenke lohnt es, bewusst wahrzunehmen, sich ihnen anzunähern und Kinder dazu zu animieren: „Mach mal was draus." In der Kita darf hierzu auch ein Workshop angeboten werden, um die Kinder anzuregen, häufig Unbeachtetes in Kunst umzudeuten. Eine kleine Ausstellung in der Einrichtung öffnet den Blick, in bisher wenig wahrgenommenen Dingen unverhoffte Schätze zu erkunden und neu zu definieren. Und wie wäre es mit einem Papa- oder Opa-Nachmittag in der Kita? Oben sehen Sie ein Ast-Blatt-Floß als Wandschmuck.

Ast-Blätter-Frau

Das brauchen Sie

Material: Aststücke, Baumblätter, Zweige, Kastanien mit Hülle, Federn, Zahnstocher, Wackelaugen, Ketten, Papier, Klebstoff

Werkzeug: Kinderbohrer, Scheren

So wird es gemacht

Das Kind sucht sich einen dickeren Ast für den Körper. Oben bohrt es seitlich zwei Löcher für die Arme und ein weiteres für den Kopf in den Stock sowie ein Loch in die Kastanie. Es klebt den Blätterrock überlappend rundherum am Ast an. In die Armbohrlöcher steckt es die Zweigarme und kann diese auch einkleben. Der Kastanienkopf erhält ein Gesicht und wird mithilfe eines Zahnstochers im Ast befestigt. Eine kleine Perlenkette wird als Schmuck um den Hals gelegt. Eine Feder schmückt das Haar und Papierhände vervollständigen die Figur.

Tipps

Fragen Sie die Kinder, ob sie nicht weitere Freunde oder Familie in dieser Technik anfertigen und damit spontanes Theater spielen möchten. Statt zu bohren können die Teile auch mit dünnem Blumendraht befestigt werden.

Stock-Stabpuppen

Das brauchen Sie

Material: Aststücke, Perlen, Wackelaugen, Märchenwolle, Engelshaar, Pfeifenputzer, Herbstblätter, Ketten, Klebstoff

Werkzeug: Scheren

So wird es gemacht

Ziel ist es, eine Familie mit Vater, Mutter und, wenn gewünscht, einem Kind zu gestalten. Der Körper entsteht aus einem dickeren, knorrigen Aststück. Der Papa erhält Haare und Hut aus Märchenwolle und er darf Pfeifenputzer-Ohrringe tragen. Die Mama erhält Engelshaar, trägt eine Halskette und einen Rock aus einem großen bunten Herbstblatt. Beide Figuren bekommen noch ein Gesicht mit Wackelaugen und einen Mund aus Pfeifenputzern. Jedes Kind gestaltet seine individuelle Familie.

Tipps

Vielleicht möchten die Kinder Oma, Opa und sonstige wichtige Menschen aus ihrem Umfeld anfertigen. Sie können den Figuren Namen geben, sie der Gruppe vorstellen und über ihre Vorlieben, Träume oder Ängste erzählen. Kinder lieben diese Familienspiele sehr und dürfen ihre Figuren untereinander austauschen.

Perlen-Traumfänger

Das brauchen Sie

Material: Holzscheiben,
Kordel, Band oder
Goldfaden;
zum Auffädeln:
Perlen, Kastanien,
bunte Holzkugeln

Werkzeug: Kinderbohrer

So wird es gemacht

Zuerst bohrt das Kind in die Holzscheibe oben ein und unten drei bis vier Löcher. Es fädelt auf unterschiedlich lange Kordeln, Bänder oder Goldfäden Perlen, Kastanien oder Kugeln auf. Unter der letzten Perle macht es einen Knoten. Jedes Kugelband zieht es durch das vorgebohrte Loch und knüpft es fest. Oben noch das Aufhänge-Band durchziehen und aufhängen. Gute Träume stellen sich ein.

Tipps

Werden Kastanien benutzt, diese ebenfalls vorbohren! Traumfänger eignen sich gut für den Weihnachtsbaum oder als Geschenk. Fragen Sie die Kinder, ob sie mit ihrem Traumfänger in der Hand einen Wunsch oder Traum erzählen möchten.

Ast-Floß

Das brauchen Sie

Material: Äste, Schnur, Kinderbadewanne

Werkzeug: Kindersägen, Kinderbohrer

So wird es gemacht

Das Kind sägt seine gesammelten Äste in gewünschter Länge zu. In einen Ast bohrt es ein Loch für den Mast. Zur Stabilität nimmt es 2 bis 3 quergelegte Äste als Boden. Darauf bindet es weitere quer gelegte Äste an und zusammen. Ist das Floß stabil, setzt es den Mast ein und bringt das Ziehband an.

Tipps

Schneiden Sie und die größeren Kinder mit einer Astschere die Stöcke zu. Lassen Sie jüngere Kinder die Äste über zwei quergelegte Spatel oder Leisten aufkleben. Die Kinder können die Flöße in einer Kinderbadewanne, einem Planschbecken oder einem Bach schwimmen lassen. Erinnern Sie sie daran, die Schur dann gut festzuhalten, sonst macht sich ihr Floss selbstständig. Animieren Sie die Kinder, eine Fahne, Segel und einen Piratenwimpel zu basteln oder das Boot zu beladen. Und wie wäre es mit einer Floßtaufe?

Hilfe nötig?

Am besten arbeiten die Kinder im Team oder mit einem Partnerkind zusammen, um sich gegenseitig beim Sägen und Zusammenbinden zu unterstützen.

Moos-Webherz-Baumscheiben

Das brauchen Sie

Material: Baumscheiben, Bleistifte, Schnur oder Garn, Moos, Naturmaterialien, eventuell Klebstoff

Werkzeug: kleine Nägel, Hämmer

So wird es gemacht

Zuerst zeichnet das Kind ein formatfüllendes Herz auf. Die kleinen Nägel schlägt es als Umrandung auf dieser Linie mit Abstand ein. Den Innenraum bestückt es mit Moos und bettet Schneckenhäuser, Beeren, Federn oder andere Dinge ein. Mit dem Garn verwebt es das Ganze etwas.

Tipps

Fragen Sie das Kind, ob es jemanden damit überraschen, einmal Danke sagen oder jemandem eine Freude bereiten möchte. Mit einem Aufhänger versehen, schmückt es jede Wand. Für die Haus- oder eine Zimmertür noch darauf notieren: Hier wohnt …

Aststück-Nikolaus

Das brauchen Sie

Material: dicke Äste, Plakat-
farbe, Wackelaugen,
Wattepads, Klebstoff,
Perlen

Werkzeug: Sägen, Sandpapier,
Scheren, Pinsel,
Werkbank

So wird es gemacht

Bitten Sie Eltern, die Kaminholz
haben, einen dicken Ast schräg
durchzusägen, sodass eine zu
gestaltende Gesichtsfläche
entsteht. Das ergibt zwei
Nikoläuse. Größere Kinder
sägen ihren Ast selbst zu zweit
an der Werkbank mit der Kin-
dersäge schräg durch. Im
nächsten Arbeitsschritt erfolgt das Abschmirgeln und Glätten der schrägen
Seiten. Das Kind malt die obere Hälfte als rote Mütze aus und fügt darunter
die Wackelaugen und die Perlennase ein. Den Pelz, den Bommel, die Augen-
brauen und den Bart gestaltet es aus zugeschnittenen Wattepads. Zuletzt
müssen nur noch die Perlenknöpfe aufgeklebt werden.

Tipps

Alle weißen Teile mit Acrylfabe aufmalen. Stellen Sie am Nikolausmorgen
noch ein kleines gefülltes Säckchen daneben. Es darf geplündert werden.
Regen Sie die Kinder an, einen Tannenzweig seitlich anzufügen, den Niko-
laus auf einen Bieruntersetzer oder eine alte CD aufzukleben und Watteschnee dazuzugeben. Erzählen Sie eine Nikolausgeschichte oder schauen
Sie mit den Kindern ein passendes Bilderbuch an. Vielleicht haben die Kinder
Lust, selbst etwas über diesen heiligen Mann zu berichten?

Scheibentiere Eule und Elch

Das brauchen Sie

Material: Holzscheiben, Perlen, Wackelaugen, Filz, Watte, Bastelmoos, Karton, Band, Klebstoff, Acrylfarben

Werkzeug: Scheren, Kinderbohrer, Reißnägel

So wird es gemacht

Die Eule: Das Kind bohrt oben das Aufhängeloch durch die große Baumscheibe, grundiert sie mit Farbe und lässt sie trocknen. In der Zwischenzeit gestaltet es zwei kleine Augen-Scheiben mit Perlen-Pupillen. Aus Filz schneidet es die Flügel und den Schnabel zu und klebt dann alle Teile auf. Nun noch das Aufhängeband durchziehen und die Eule aufhängen.

Rudolf, das Rentier oder ein Elch: Das Kind bringt das Band auf der Scheibenrückseite mit einem Reißnagel an. Augen und Mund malt es auf, klebt die Perlennase ein und fügt Mooshaare hinzu. Im Doppelschnitt schneidet es Pappohren zu, bezieht diese mit Filz und klebt auf der Rückseite der Scheibe die Ohren an.

Tipps

Zeigen Sie den Kindern, wie man aus Zweigen ein Geweih auf der Rückseite mit Reißnägeln befestigt oder aufklebt.

Stock-Schnecke

Das brauchen Sie

Material: Stöcke, große Muscheln, Pfeifenputzer, Wackelaugen, Klebstoff

Werkzeug: Scheren

So wird es gemacht

Das Kind bricht einen gefundenen Stock für den Schneckenkörper ab. Aus Pfeifenputzern biegt es die Fühler. An den Enden klebt es die Wackelaugen fest. Ein größeres Schneckenhaus bereitet der Stockschnecke einen idealen Rückzugsort.

Tipps

Besprechen Sie alle gestalteten Stockschnecken. In welchem Garten werden sie wohl in der nächsten Nacht zuschlagen? Die Kinder geben sich in diesem Dialog Tipps, wie man die Menschen austricksen kann. Lassen Sie die Schnecke auf einen schmalen Karton kleben, diesen mit einer Ziehschnur versehen und ein Schneckenrennen mit ausgelegter Hindernisstrecke erproben.

Kunst aus Steinen und Muscheln

Vom Urlaub am Meer bringen nicht nur Kinder Muscheln aller Art mit, sondern auch Erwachsene laufen in gebückter Haltung mit Sammelleidenschaft im Herzen am Strand entlang. Mit wachem Blick entdeckt und erkundet man die unglaubliche Schönheit und Vielfältigkeit kleiner Formen und Farben des Meeres. Auch Steine sind beliebte Sammelobjekte. Wir finden diese täglich in unserer Umwelt als Mauerwerk, im Flussbett, als Weg und Straßenbelag. Diese Naturgebilde reichen von riesigen Felsblöcken bis zur kleinsten Form der Sandkörner. Die Geologen sind dabei echte Steinforscher und erkunden dieses faszinierende Material weltweit. Auch Kinder lassen sich davon magisch anziehen und gestalten in einem Materialmix die unglaublichsten Dinge: Eine Vogelfamilie, Spiele wie z. B. ein Domino, Raumschmuck, bemalte und gestaltete Steine, Muschelbilder oder ein Steinauto, um hier einige Beispiele zu nennen. Oben sehen Sie eine Vogelfamilie aus Muscheln in ihrem Vogelnest aus Märchenwolle.

Steindomino

Das brauchen Sie

Material: Steine, Plakat- oder Wasserfarben, farblosen Lack, Filzstifte, Klebesticker

Vorbereitung: Material für Dominosteine sammeln und bereitstellen. Steine waschen und abtrocknen.

So wird es gemacht

Die Kinder kennen Dominos sicher aus der Kita und fertigen mit Begeisterung ein eigenes kreatives Spiel an. Dazu bilden sie Gruppen und müssen sich nun gut absprechen. Jedes Kind überlegt sich ein Motiv. Dieses malt oder gestaltet es zunächst auf jedem Stein mit Trennstich einmal. Dieses Motiv soll es nun mit einem anderen aus der Gruppe kombinieren, also z. B. Pilz, Sonne. Innerhalb der Gruppe müssen alle Motive auf den Steinen zweimal vorkommen.

Tipps

Jede Tischgruppe oder jedes Team einigt sich auf eine Materialkombination, also z. B. Klebebilder, Sticker, Acrylfarbe, Filzstifte … Es können auch Taststeine mit unterschiedlichen Knöpfen, Moosgummi-Buchstaben oder -Ziffern hergestellt werden. Entdecken Sie, wie fantasiereich Ihre Kinder sind. Bieten Sie davor oder danach noch eine Experimentier-Erfinderstunde an. An einem Spielnachmittag oder bei einem Fest lassen Sie dieses Spiel von den Familien erkunden und erproben.

Steinschlange

Das brauchen Sie

Material: Kieselsteine,
Wachsfarben,
Wasserfarben,
Klebsterne,
Pailletten, breites
Geschenkband, Perlen
oder Wackelaugen,
Pfeifenputzer,
Klebstoff

Werkzeug: Scheren

So wird es gemacht

Lassen Sie die Kinder ihre Schlange in Einzel- oder Partnerarbeit gestalten. Das Kind erstellt Schritt für Schritt so viele Einzelsteine, wie es möchte. Die Schlangenlänge entwickelt sich aus der Lust und Arbeitszeit, diese Steine individuell mit Mustern zu bemalen oder mit Klebesternen und Pailletten zu gestalten. Das Kind muss warten, bis alle Schlangensteine getrocknet sind. Es legt sein Band aus, ordnet seine Steine an und berechnet das Kopfband mit ein. Alternativ fertigt es rasch noch einen kleineren Kopfstein an. Am Kopfband klebt es auf der Unterseite einen Pfeifenputzer an, dann kann die Schlange den Kopf heben. Aus Pfeifenputzern entsteht auch die gespaltene Zunge. Schritt für Schritt nimmt das Kind die Steine ab, bringt Klebstoff auf das Band auf und legt die Steine auf.

Tipps

Regen Sie die Kinder an, weitere Steintiere zu erkunden.

Steinschnecke

Das brauchen Sie

Material: längliche Steine, Schneckenhäuser, Wackelaugen, Papier oder
Pfeifenputzer, Klebstoff

Werkzeug: Scheren

So wird es gemacht

Das Kind sucht sich einen länglichen Stein, wäscht ihn und trocknet diesen
ab. Probeweise ordnet es das Schneckenhaus auf dem Körper an, betupft
mit Klebstoff die Unterseite des Schneckenhauses und klebt es auf. Es
schneidet beide Papier-Fühler zu, biegt diese unten etwas um und fügt die
Wackelaugen hinzu.

Tipps

Lassen Sie die Kinder weitere Steinschnecken oder Nacktschnecken in
unterschiedlichen Größen und Gestaltungsvarianten erproben. Funktionie-
ren Sie gemeinsam einen Tisch als Schneckenzuchtanlage mit leckerem
Schneckenfutter um. Kreieren Sie zusammen eine fantasievolle Schnecken-
geschichte, ein Schneckenrätsel oder ein Gedicht.

Kaschierte Serviettensteine

Das brauchen Sie

Material: glatte Steine, bedruckte Servietten, Kleister, Pinsel, Acrylfarben

Werkzeug: Scheren

So wird es gemacht

Bitten Sie die Kinder, besonders schöne Servietten mitzubringen. Jedes Kind wählt sich seine Lieblingsserviette aus, schneidet ein oder mehrere Motive aus, bestreicht seinen Stein mit Kleister und drückt seine Bilder auf. Zuletzt überpinselt es den gestalteten Stein mit Kleister und lässt ihn trocknen.

Tipps

Lassen Sie die Kinder den Stein mit farblosem Lack überpinseln, mit Acrylbarbe bemalen oder diese Technik mit der Serviettentechnik kombinieren. Als Briefbeschwerer oder Zettel-Festhalter ist er ein schönes Geschenk. Organisieren Sie eine kleine Steinausstellung.

Steinauto (Feuerwehr PKW)

Das brauchen Sie

Material: größere Steine, Acrylfarben, Pinsel, Wassergläser, Korkscheiben, Klebstoff, Knetreste, wasserfeste Stifte in Schwarz

Werkzeug: Brotschneidemaschine oder Bastelmesser

Vorbereitung: Schneiden Sie die Korkräder zu.

So wird es gemacht

Das Kind malt seinen Stein farbig an, oben eine Fensterfront, die Karosserie mit seiner Wunschfarbe. Nach dem Trocknen zeichnet es mit dem schwarzen Stift die Umrandungen ein, bemalt die Räder, klebt diese beidseitig auf und bringt das modellierte Knete-Blaulicht sowie die Autoscheinwerfer an.

Tipps

Ermuntern Sie die Kinder, auch Fantasie-Autos zu kreieren. Wie wäre es mit einer Automobilausstellung oder einem Erfinder-Wettbewerb? Auch andere steinige Fahrzeuge sind möglich, der Fantasie sind keine Grenzen gesetzt.

Schmuck- und Taststeine

Das brauchen Sie

Material: verschieden große Steine mit unterschiedlichen Oberflächen (Lavasteine, Schiefereinschlüsse, Versteinerungen, Betonstücke mit oder ohne Kieselsteineinschlüssen), Klebstoff, Tuch, Tastmaterialien wie z. B. Federn, Wolle, Watte, Blätter, Knöpfe, Sandpapier

So wird es gemacht

Das Kind darf Steine mit rauer oder strukturierter Oberfläche ungestaltet lassen. Steine mit glatter Oberfläche beklebt es mit fühlbaren Materialien aus seinem Alltag oder seiner Umwelt. Zuerst legt es sein Wunschmaterial auf, schließt die Augen und tastet es dann mit den Fingerspitzen ab. Stimmt die Platzanordnung und das Tastgefühl, klebt es den Gegenstand auf.

Spiele

Lassen Sie die Kinder alle Steine betrachten, betasten, beschreiben und erfühlen. Ein Kind breitet ein Tuch darüber und ein weiteres Kind greift darunter, um den Stein zu ertasten und zu beschreiben. Es benennt Form, Größe, Oberflächenstruktur und Material. Oder geben Sie einen Suchauftrag vor: „Suche den Stein mit der Feder. Angle dir einen glatten, kleinen Stein. Finde einen leichten und einen schwereren Stein." Stellen Sie jedem Kind der Reihe nach eine andere Aufgabe. Den genannten Stein holt es heraus, alle überprüfen zusammen das Ergebnis und Sie deponieren ihn wieder unter dem Tuch.

Tipps

Ein Kind stellt die Aufgabe, das nächste Kind führt diese aus. Die Kinder dürfen auch Gefühle und Vergleiche anstellen: „Mein Stein fühlt sich kalt, angenehm, glatt an.", „Mein Stein erinnert mich an einen Igel.", „Ich habe den Blütenstein erwischt."

Steine als Briefbeschwerer

Das brauchen Sie

Material: Steine, Wasserfarben, Pinsel, Wasserglas, Wachsfarben, Farben, Filzstifte, Sticker, Kleber, Stoff oder Streublüten

So wird es gemacht

Besprechen Sie mit der Gruppe im Brainstorming, welche Techniken und Möglichkeiten es gibt, einen Stein zu gestalten. Notieren Sie auch die Ideen der Kinder. Sammeln Sie Vorschläge zur farblichen Gestaltung, also Bemalung oder zur Stein-Beklebung. Lassen Sie die Kinder auch mehrere Steine gestalten. Das Kind entscheidet sich für sein erstes Exemplar und wählt Farben oder Aufklebematerial aus. Bitten Sie die Kinder, später eine kleine Pause einzulegen, wortlos alle Projekte zu betrachten, um dann mit kreativen Ideen weiterzuarbeiten. Ermuntern Sie die Kinder, untereinander Möglichkeiten und Meinungen während des Gestaltens auszutauschen.

Tipps

Bitten Sie die Kinder, die Briefbeschwerer an Kita-Mitarbeiter zu verschenken und weitere während der Freispielzeit zu entwickeln. Steine haben einen großen Aufforderungscharakter und die Kinder entdecken, dass alle Möglichkeiten umgesetzt werden dürfen. Fotografieren Sie die Ergebnisse ab und gestalten Sie damit ein Plakat, wie **„steinreich"** diese Kita ist.

Sonnensteine

Das brauchen Sie

Material: saubere größere, glatte Steine, Plakat- oder Acrylfarben, Pinsel, Wasserglas, wasserfeste Stifte in Schwarz, Filzstifte

So wird es gemacht

Das Kind beginnt, in der Steinmitte einen Punkt zu malen und schließt weitere Farben als immer größer werdende Kreise oder Sonnenstrahlen an. Diese dürfen mit zusätzlich aufgetragenen Punkten oder einer schwarzen Stiftumrandung verschönert werden. Jüngere Kinder gestalten eine punktförmige Sonne.

Tipps

Betrachten Sie mit den Kindern das Bild „Farbstudie – Quadrate mit konzentrischen Ringen" von W. Kandinsky und lassen Sie es mit Wasserfarben nachempfinden. So begegnen die Kinder einem berühmten Maler.

Steinfisch

Das brauchen Sie

Material: saubere Steine, Plakat- oder Acrylfarben, Pinsel, Wasserglas,
wasserfeste Stifte in Schwarz

So wird es gemacht

Das Kind überlegt sich, wie es seinen Fisch gestalten möchte. Er kann Streifen, Punkte, Farbflächen oder Schuppen erhalten. Muster sind erwünscht. Nach dem Trocknen zeichnet das Kind Abgrenzungen mit dem schwarzen Stift ein.

Tipps

Lassen Sie alle Fische auf einem blauen, zusammengeschobenen Atlantiktuch versammeln. Bieten Sie einen großen Karton mit offener Vorderfront an. Dieser wird zum Aquarium umfunktioniert, und die Steinfische können darin schwimmen. Ermutigen Sie die Kinder dazu, aus Papier Flossen zuzuschneiden und anzukleben.

Igelsteine

Das brauchen Sie

Material: Steine, Wasserfarben, Pinsel, Wasserglas, wasserfeste Stifte in Schwarz

So wird es gemacht

Das Kind grundiert seinen Stein mit Wasserfarben in einer oder mehreren Farben. Es spart jedoch die Gesichtsfläche aus. Der Stein muss nun gut trocknen, ehe mit dem Stift Striche und die Ziffer 1 als Stachelkleid eingezeichnet wird. Den Kopf lässt das Kind frei und schmückt ihn mit Augen aus.

Tipps

Alle gestalteten Igel versammeln sich in einem Moos-Blätter-Heubett oder marschieren auf dem Fensterbrett im Gänsemarsch zum Abendspaziergang. Lassen Sie die Kinder ein Abendlied oder Igel-Lied lernen und singen.

Windräder-Steine/Kreis-Rad-Steine

Das brauchen Sie

Material: saubere Steine, Acrylfarben, Filzstifte, Pinsel, wasserfeste Stifte in Schwarz

So wird es gemacht

Spontan malt das Kind in die Steinmitte einen Punkt. Von dort aus zieht es Windmühlen-Flügel, die es kreisförmig so auf dem Stein anordnet, dass der Steinrand sichtbar bleibt. Damit die Farben begrenzt werden und vor allem leuchten, umrundet es die Windmühlenform nach dem Trocknen eckig mit schwarzem Stift und zieht die Trennlinien ein.

Tipps

Junge Kinder nehmen weiße Kieselsteine und gestalten diese mit Filzstiften oder farbigen Markierungsstiften. Siehe Bildmitte und rechts außen auf dem Foto.

Käfer- und Kröten-Muscheln

Das brauchen Sie

Material: große Muscheln, Klebstoff, Papier, wasserfeste Filzstifte, Pailletten, Pompons, Wackelaugen, Pfeifenputzer (Siehe auch Einzelbeschreibungen.)

Werkzeug: Scheren

So wird es gemacht

Kleine Herzmuscheln (Hufmuschel) als Marienkäfer: Das Kind wählt seine Muschel aus. Es bemalt und gestaltet sie mit wasserfesten Filzstiften.

Schwertmuscheln-Käfer: Das Kind zeichnet mit dem Stift die Kopfabgrenzung auf. Aus Papier schneidet es spontan den Flügelrücken, Streifen, Füße und Punkte aus und klebt diese auf. Es kann die Punkte noch mit Pailletten schmücken. Danach fügt es Wackelaugen, eine Perlennase sowie Pfeifenputzer als Fühler ein.

Kröten-Muschel: Das Kind dreht die große, hubbelige Muschel mit der Öffnung nach unten um. Es klebt die Wackelaugen, das zugeschnittene Pfeifenputzer-Maul sowie die im Mehrfachschnitt zugeschnittenen Krötenbeine an die Muschel.

Tipps

Lassen Sie die Kinder weitere Tiere wie z. B. Schnecken, Krokodile, Gänse, Fische als Papierumriss zeichnen, zuschneiden und mit kleinen Muscheln belegen. Sie können auf einem zusammengeschobenen Chiffontuch als Wiesengrund stehen.

Muschelbild Schmetterling

Das brauchen Sie

Material: gesammelte Muscheln, Tonkarton, Filzstifte

Werkzeug: Scheren

So wird es gemacht

Das Kind schneidet einen länglichen Kartonstreifen als Schmetterlingskörper zu, schneidet die Kopfrundung ab und klebt die Wackelaugen auf. Aus Wunschmuscheln fügt es spiegelbildlich die Flügel an.

Tipps

Lassen Sie alle Schmetterlinge zum Gruppenbild auf einem Karton aufkleben oder einzeln auf einem Tisch platzieren. Regen Sie an, ein Relief-Lege-bild ohne Aufklebung zu gestalten und Muschelblumen dazuzulegen.

Muschel-Mandala

Das brauchen Sie

Material: dunkle Decke oder Tonkarton, Muscheln aller Art

So wird es gemacht

Die Kinder können Gruppen bilden, um dieses Gemeinschaftswerk zu gestalten. Dabei müssen sie sich immer wieder absprechen, um gemeinsam zu agieren. In die Gestaltungsmitte legt das Kind eine größere Muschel. Nach Absprache suchen sich die Kinder die vereinbarte Muschelgruppe aus und legen den ersten Kreis. Kinder können nun partnerschaftlich einzelne Strahlen legen, auch spiegelbildlich, wenn sie möchten. In die Zwischen-räume fügen sie als Randbegrenzung kleine Muschelringe ein, die sie innen mit besonders schönen Exemplaren belegen.

Tipps

Streuen Sie aus dem Sandkasten etwas Sand auf den Tisch oder ein Back-blech und lassen Sie ein Muschel-Strand-Mandala kreieren. Im Kleinformat legen die Kinder ein eigenes Mandala und dürfen auch die Muscheln fest-kleben (Muschelrand mit Kleber betupfen).

Muschelband/-mobile/-gehänge

Das brauchen Sie

Material: Muscheln, Bänder, Kordeln, Klebstoff, Tipp: alte CD

Werkzeug: Scheren

So wird es gemacht

Jedes Kind darf sich sein eigenes Muschelband anfertigen. Es schneidet sich sein Band in der Wunschlänge ab und belegt es probeweise mit Muscheln. Dabei achtet es darauf, dass sich Formen und Größen in der Reihe abwechseln und auf genügend Zwischenraum. Nun nimmt es Schritt für Schritte jede Muschel ab, bestreicht den Platz auf dem Band mit Klebstoff und drückt die Muschel auf.

Alternativ bestückt das Kind **alte gesammelte CDs** mit Muscheln, klebt diese auf einem Band zur Kette auf oder hängt sie einzeln am Faden auf (durch die CD-Öffnung in der Mitte ziehen). Durch die Lichtbrechung glitzern diese.

Tipps

Hängen Sie die Kunstwerke mit Klebestreifen am Fensterrahmen bzw. am Zimmer-Ast auf oder lassen Sie diese am Zimmerreifen tanzen. Auch im Flur sind die gestalteten Glitzerscheiben ein Blickfang.

Muschelast

Das brauchen Sie

Material: Ast- oder Holz-Stücke, Klebepistole oder Leim, Muscheln
(Fundstücke oder gekauft)

So wird es gemacht

Das Kind arrangiert seine Fundstücke auf dem Ast. Schritt für Schritt nimmt
es diese Materialien wieder ab und klebt sie fest.

Tipps

Setzen Sie die gestalteten Meeresschatz-Äste als Tischschmuck ein. Bringen Sie eine Kordel oder ein Band mithilfe von Reißnägeln oder Tacker an
und hängen Sie den dekorativen Wandschmuck auf.

Muschelvase

Das brauchen Sie

Material: Marmeladengläser, Moltofill oder Gips, Schüssel, Wasser, Palaktfarbe, Papierhandtücher oder Toilettenpapier

So wird es gemacht

Rühren Sie gemeinsam mit den Kindern eine oder mehrere Schüsseln Moltofill (nach Packungsvorschrift) zu einem dicken Brei an und geben Sie etwas Farbe dazu. Lassen sie die Kinder alles gut durchmischen. Jedes Kind sucht sich ein Glas aus, betupft oder bestreicht es dick mit Moltofill, stellt das Glas senkrecht vor sich hin und drückt nach Belieben seine ausgewählten Muscheln hinein.

Tipps

Sind alle Vasen am anderen Tag getrocknet, werden sie im Gruppenraum oder Flur präsentiert. Auf dem Sommerfest lassen sich diese Urlaubserinnerungen gut verkaufen und die Gruppenkasse wird gefüllt. Sie eignen sich auch als Muttertagsgeschenk und können dafür mit einem Wiesenblumenstrauß bestückt werden.

Noch mehr Kunst aus der Natur

Animieren wir Kinder, mit offenen Augen durch unsere Welt zu gehen und den kleinen Dingen ihre Geheimnisse zu entlocken, wird ihre spontane, ererbte Neugierde geweckt. Sich zu bücken und diese Schätze unbewusst zu heben, aktiviert ihre natürliche Sammlerleidenschaft. Die Zufallsfundstücke werden umgedeutet, ungewöhnlich umfunktioniert oder neu definiert. Diese Aktivitäten, verbunden mit kindlichem wertfreien Tun und Agieren, sind Forscherangebote und Erlebnisse der besonderen Art. Das macht Kindern einfach nur Spaß und Freude, sie aktivieren ihr Selbstvertrauen und ihre künstlerischen, vielleicht auch bisher nicht entdeckten, aber im Menschen schlummernden Begabungen. Schneckenhäuser sind faszinierende Bauwerke, Federn gleiten schwerelos durch die Luft und schützen Tiere. Korken sind nicht nur als Flaschenverschlüsse verwendbar, Eierschalen müssen nicht kompostiert werden und selbst alte Kartoffeln werden zu sprechenden Theaterfiguren. Dazu benötigen Kinder und Erwachsene nur einen ganz besonderen Blick und ungewöhnliche, ja auch leicht verrückte Ideen sowie eine grenzenlose Experimentierfreude. Es gibt kein Richtig oder Falsch, sondern nur pure Kombinationsfreude mit unglaublichen, zum Staunen hervorrufenden Ergebnissen. Oben sehen Sie einen Tonpapiervogel mit Federflügeln und Feder-Paillettenschwanz.

Indianerfedern gestalten

Das brauchen Sie

Material: Federn,
Nagellack-Reste
oder dicke
Acrylfarbe

So wird es gemacht

Indianer und deren Feder-
schmuck faszinieren nicht nur
Kinder. Dies ist ein ungewöhnliches, filigranes Angebot für größere Kinder. Eine
Giraffe entspricht perfekt
einer Federlänge. Zuerst malt
das Kind die Körperform, lässt
diese antrocknen und setzt
dann die Punkte auf. Die
Urwald-Lianen-Blütenranke
auf einer schwarzen Rabenfeder erhält zuerst die grüne Stil-Form, die Blüten werden nach dem Antrocknen aufgetupft. Eine mehrfache Bemalung
intensiviert die Farben.

Tipps

Die Kinder loben einen Wettbewerb für die schönste Feder aus. Sie ziert
später ein Indianer-Stirnband, das aus einem Kartonstreifen hergestellt und
mit einem Muster versehen wurde. Diese Arbeit eignet sich auch als ganz
besonderes Lesezeichen.

Traumvogel

Das brauchen Sie

Material: lange Rolle, Papier, Wackelaugen, flauschige Federn, Klebstoff

Werkzeug: Scheren

So wird es gemacht

Zuerst bestreicht das Kind den oberen und unteren Rollenrand mit Klebstoff, legt das farbige rechteckige Papier auf, drückt es fest und schneidet überflüssiges Papier ab. Aus einem kleinen Viertelkreis rollt es die Schultütennase, betupft deren Rand mit Klebstoff und klebt sie sowie die Wackelaugen an. Die Füße scheidet es doppelt zu, betupft den unteren Rollenrand und fügt diese ein. Seitlich erhält der Vogel Feder-Flügel und in die Öffnung oben werden weitere Federn als Kopfschmuck eingesteckt oder eingeklebt.

Tipps

Lassen Sie oder ein Kind, den Traumvogel die Wochenend-Geschichte erzählen oder lesen Sie etwas vor. Kinder, die in der Kita einen Mittagsschlaf abhalten, schlafen danach ruhig ein. Wenn der Traumvogel auch gefüllt werden darf (Salzstangen, Flips usw.), dann sollte unten noch ein Boden aufgeklebt werden.

Kartoffelhase und Osterhuhn

Das brauchen Sie

Material:	längliche Kartoffeln (auch alte), Restpapier, Wackelaugen, Pompons, Watte, Stäbe, Servietten, Klebstoff
Werkzeug:	Scheren, Stecknadeln mit Glaskopf

So wird es gemacht

Zuerst sucht sich das Kind für den Hasenkopf oder den Hühnerkörper eine passende Kartoffel aus.

Für den Hasen schneidet es die langen Ohren doppelt zu, faltet diese unten etwas um und steckt sie mithilfe von Stecknadeln in den Kopf. Es klebt Augen und eine Pompon-Nase auf, schneidet ein rechteckiges Papier beidseitig fein ein und befestigt es als Schnupperhaare. Auf der Kartoffelrückseite wird noch der Watteschwanz angebracht.

Das Huhn oder ein Hahn erhalten neben den Wackelaugen noch einen zugeschnittenen Papierkamm, Schnabel und Lappen. Flügel und Schwanz entstehen durch eingeschnittene, über die Schere gerollte Papierstreifen. Die entstandenen Figuren können auf Serviettenstäbe gesetzt werden. Was sie sich zur Osterzeit wohl erzählen werden?

Tipps

Lassen Sie ein Bilderbuch, eine Geschichte oder ein Ostermärchen als Stegreifspiel darstellen. Bitten Sie die Kinder, weitere zur Geschichte passende Kartoffelfiguren zu entwickeln. In einen Sandeimer oder einen Backstein gesteckt, können die Kinder jederzeit damit losspielen.

Hilfe nötig?

Um die Figur auf einen Stab zu setzen, benötigt das Kind einen Halter oder Lochbohrer-Partner. Alternativ zeigen Sie den Kindern, dass man diese Figuren auf eine Gabel stecken kann, da diese auch gut in der Kinderhand liegt.

Weinbergschnecken

Das brauchen Sie

Material: Tonpapier, kleine Wackelaugen, Klebstoff, Papier für die Wiese, große Schneckenhäuser

Werkzeug: Scheren

So wird es gemacht

Schneiden Sie für Ihre Kindergruppe im Vorfeld farbige Papierstreifen zu, oder die Kinder schneiden diese von einem rechteckigen Papier selbst ab. Den Schnecken-Papierkörper biegt das Kind nach oben ab oder zieht ihn über die Schere. Es bestückt Fühlerstreifen mit Wackelaugen, faltet sie unten um und klebt sie am abgerundeten Kopf auf. Ein Schneckenhaus einfügen und das Wiesenpapier mit Streublumen, gemalten Blumen, gestalten.

Tipps

Die Kinder können ein Schneckenlied lernen (Schneck' im Haus …) und ein Schneckengedicht erfinden. Sie bilden mit den Händen einen Schneckenweg und wenn sie ganz still halten, schleimt die Schnecke über diese lebendige Brücke. Wie eine Schnecke kriecht, entdecken die Kinder, wenn sie das Tier über eine Glasplatte kriechen lassen und es von unten beobachten. Anhand von Büchern können sie Wissen über diese Kriechtiere sammeln.

Hilfe nötig?

Ziehen Sie bei jüngeren Kindern das Schneckenpapier selbst über die Schere.

Federball-Wurfgerät

Das brauchen Sie

Material: Federn, Restknete, Stück eines Obstnetzes, dünne Kordel, Knete

Werkzeug: bei Bedarf Piekser, um die Löcher vorzustechen

So wird es gemacht

In die Knetkugeln steckt das Kind die Federn. Das Obstnetz legt es vor sich hin, setzt die Knetkugel hinein, faltet die Seiten zur Mitte um die Knetkugel herum, und bindet es oben mit der Kordel fest zu.

Spieltipp

Lassen Sie das Wurfgerät hochwerfen, auffangen und sich gegenseitig zuwerfen. Animieren Sie die Kinder zum Zielwerfen in einen bereitgestellten Karton. Sie können das Wurf-Gerät auch auf dem Kopf oder der Schuh-spitze balancieren oder mit der Hand unten draufschlagen und auffangen.

Tipps

Große Netzbälle anfertigen, innen mit Zeitungen ausstopfen, lange Schnur anbinden, schleudern und werfen. Treffen sie die Nase, tut das ganz bestimmt nicht weh!

Feder-Windrad

Das brauchen Sie

Material: Flauschfedern oder gefärbte Hühnerfedern, 2 Kartonkreise, 2 Perlen, 1 Paillette Klebstoff, Stab

Werkzeug: Scheren, Blumendraht, Piekser

Und so wird es gemacht

Im Mehrfachschnitt fertigt das Kind zwei gleich große Kreise an und bohrt mittig ein kleines Loch hinein. Den ersten Kreis beklebt es kreisförmig mit Federn, dann wird der zweite Kreis bündig daraufgeklebt. Auf den Draht fädelt es die Perle auf und dreht eine kleine Schnecke, damit nichts abrutscht. Den Draht schiebt es durch die Kreise und mit einer Abschlussperle mit Minischnecke wird diese gesichert. Damit man sich nicht verletzen kann, klebt es noch eine Paillette auf.

Tipps

„Pflanzen" Sie diese Kunstwerke als Dekoration in einen Blumentopf. Sie sind auch ein schönes Geschenk. Junge Kinder können das Windrad auch mit einer Pinnnadel feststecken. Ein **Kreis-Windspiel erproben:** Alle Kinder fassen sich im Kreis an und hüpfen oder laufen so rasch wie der Wind mal rechts, mal links herum.

Kork-Segelschiff

Das brauchen Sie

Material: Korken (ganz, halb und in Scheiben), Zahnstocher, Schaschlikstab, Papier, Klebstoff

Werkzeug: Scheren, Messer oder Brotschneidemaschine

Vorbereitung: Schneiden Sie die Korken mit dem Messer oder mit der Brotschneidemaschine mittig durch bzw. in Scheiben.

So wird es gemacht

Kleines Segelboot: Das Kind nimmt einen halben Korken mit der glatten Fläche nach oben, klebt am Zahnstocher sein Papiersegel an und steckt dieses in den Korken.

Das lange Segelboot links entsteht aus zwei halben Korken mit mittigen Korkscheiben. Diese werden aneinander geklebt oder mit halben Zahnstochern verbunden.

Der Lastensegler: Der Schiffsboden entsteht durch zusammengesteckte oder -geklebte Korkscheiben. Weitere ganze und halbe Korken werden zur Reling umfunktioniert, zusammengesteckt oder -geklebt. Mittig wird das große Dreiecksegel in einen weiteren Korken gesteckt und eingeklebt.

Tipps

Die Kork-Segelboote können für eine Schiffsausstellung auch auf einen Karton geklebt oder angeordnet werden. Die Boote in eine Kinderbadewanne setzen und nur durch Pusten vorwärtsblasen. Hoher Seegang entsteht, wenn man mit den Fingern oder der Hand Wellen erzeugt. Ein Puste-Wellenwettbewerb ist ebenfalls sehr reizvoll. Dem Sieger wird ein Siegerkorken (eventuell mit einer Golddukatenmünze oder Centmünze) überreicht. Alle Schiffe durch eine Schnur verbinden und die längste Schiffsparade der Welt gestalten.

Eierfiguren

Das brauchen Sie

Material: gekochte oder ausgeblasene Eier, Wasserfarben, Filzstifte, Papier, Zahnstocher, Schaschlikstäbe, Pailletten, Klebstoff, Perlen, Wackelaugen

Werkzeug: Scheren, Kinderbohrer, Stopfnadel, Stecknadeln mit Glaskopf

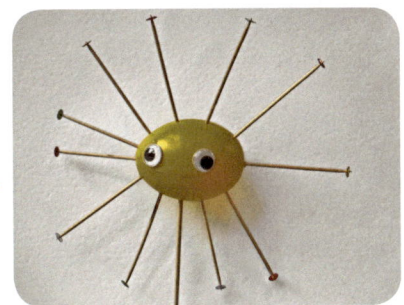

So wird es gemacht

Setzen Sie mit den Kindern das Ei als Kunst-Grundform ein und bitten Sie die Kinder, es auf einen Schaschlikstab oder Zahnstocher zu stecken und dann zu gestalten.

Die Sonne: In ein gekochtes Ei bohrt das Kind mit der Nadel oder dem Kinderbohrer kleine Löcher und steckt die Stecknadeln als Sonnenstrahlen ein.

Das Haus: Das Kind zeichnet einen Kreis auf, schneidet ihn aus und dann bis zur Mitte ein. Es klebt die Schnittstellen zum Dach übereinander und setzt es auf. Von einem Papierstreifen schneidet es Fenster und Türen ab, gestaltet diese und klebt sie auf.

Ein Flugzeug: Die Fenster gestaltet das Kind mit aufgeklebten Pailletten. Es schneidet aus Papierstreifen Flügel, Heck und Pilotenkanzel zu und klebt sie auf dem Ei fest.

Hilfe nötig?

Eventuell das Kind beim Einstecken der Sonnenstrahlen begleiten.

Tipps

Bieten Sie den Kindern Plastik- oder Styroporeier an, diese sind jahrelang einsetzbar. Die Kinder setzen die Figuren beim Stabtheater ein und gestalten im Stegreifspiel kleine Szenen oder selbst erfundene Geschichten. Lassen Sie Kresse in einen Margarinebecher oder Blumentopf einsäen und die Stecker als Osterschmuck hineinstecken. Eine Obstkiste mit Alufolie auslegen, Erde hineingeben, Gras einsäen und eine Steck-Osterwiese arrangieren. Lassen Sie die Kinder weitere Eier-Figuren kreativ erkunden.

Kunstdruck mit Löwenzahnblüten

Das brauchen Sie

Material: helles Zeichenpapier,
offene Löwenzahn-
blüten (bei Sonnen-
schein pflücken),
Markierungsstifte
oder Filzstifte,
weißes Blatt,
Schmuckblatt,
Klebstoff

So wird es gemacht

Das Kind benötigt für jeden Blütenabdruck eine offene Löwenzahnblüte.
Diese legt es auf sein Blatt, hält es mit der anderen Hand fest und dreht die
Blüte kräftig und mehrfach kreisend auf dem Papier. Den Abdruck darf es
belassen oder den Löwenzahnblüten-Sonnenkranz ergänzen, indem es
einen dichten Blütenkranz mit Filzstiften hinzufügt. Die Blätter malt es
danach noch dazu.

Tipps

Lassen Sie die Kinder das Thema als Schmuckblatt mit dem Löwenzahnab-
druck mittig aufkleben und seitlich die Originale hinzufügen.

Nussschalen-Puppenwagen

(Ergänzung, Erweiterung zu Nussschalen-Wiege, S. 17)

Das brauchen Sie

Material: große halbe Walnussschale, Perlen, schwarze wasserfeste Filzstifte, Stoffreste, Zahnstocher, Perlen, Pfeifenputzer, Flaschenverschlusskrause, Klebstoff

Werkzeug: Scheren

So wird es gemacht

Das Kind gestaltet den Puppenkopf, schneidet ein Stoffbettchen zu, klebt es ein und bettet den Kopf dazu. Perlen auf Zahnstocher stecken, Länge korrigieren, abschneiden und unter der Walnussschale festkleben. Peifenputzer als Schiebegriff und zugeschnittenen Wagenhimmel einkleben.

Tipps

Versehen Sie das Puppenbettchen oder den Puppenwagen mit einem Aufhängeband. Lassen Sie die Kinder weitere Möglichkeiten erkunden: Nussschale mit Streuartikeln, Samen, Körnern, Gewürzen füllen, Segel mit Knete einfügen.

Löwenzahn-Blütenkranz

Das brauchen Sie

Material: aufgeblühte Löwenzahnblüten mit Stiel

Werkzeug: Scheren

So wird es gemacht

Die Kinder kürzen die Löwenzahnstiele auf etwa 7 cm Länge. In jeden Stiel ritzen sie mittig einen Schlitz (Fingernagel, Schere) und ziehen durch diesen eine weitere, neue Blüte durch, bis sich der Kreis schließt.

Tipps

Lassen Sie jüngere Kinder die Blüten mit einer Schnur umwickeln und so den Kranz flechten. Alternativ kleben die Kinder die Blütenköpfe auf einen Kartonstreifen auf. Mit dem Kranz auf dem Kopf können sie einen Löwenzahn-Tanz zeigen. Danach Hände waschen!

Forsythien-Löwenzahn-Bild

Das brauchen Sie

Material: dunkles Aufklebepapier DIN A5,
Klebstoff,
abgefallene
Forsythien-Blüten,
Löwenzahnblätter
und -stiel, Klebstoff

Werkzeug: Scheren

So wird es gemacht

Das Kind malt mit Klebstoff den Blütenkreis auf und aus und legt diesen mit abgefallenen Blütenblättern dicht aus. Dann drückt es alles mit den Finger-spitzen fest, malt den Stiel mit Klebstoff vor und fügt ihn ebenfalls ein. Die Blätter bestückt es auf der Rückseite mit Klebstoffpunkten und klebt sie dazu.

Tipps

Gestalten Sie mit den Kindern eine besondere Löwenzahnwiese und lassen Sie sie weitere ungewöhnliche Materialien ausprobieren wie z. B. Kirschblü-tenblätter oder Gänseblümchen.

Lindenblüten-Pusteblume

Das brauchen Sie

Material: farbiges Aufklebepapier DIN A5,
Klebstoff,
Lindenblüten,
grünes Papier

Werkzeug: Scheren

So wird es gemacht

Zuerst malt das Kind seinen Pusteblumenkreis mit Klebstoff auf und aus,
streut seine gesammelten Blüten auf und drückt diese fest. Weitere einzelne Klebepunkte tupft es auf und legt die Schirmchen einzeln darauf. Aus
rechteckigem Papier rollt es den Stiel, faltet rechteckige Blätter mittig
zusammen und schneidet im Mehrfachschnitt seine halben Tannenbaum-
blätter spontan zu. Diese öffnet es und gestaltet die Pusteblume fertig.
Eine Wiese aus restlichen Lindenblüten darf es hinzufügen.

Tipps

Gestalten Sie eine besondere Löwenzahn-Galerie an der Raumwand als
Wandfries. Dabei weitere eigene Kreationen integrieren. Die Kinder können
Lindenblüten auch mit Kleister zum festen Teig anrühren, um daraus die
Blüte anzufertigen.

Gräser-Mädchen

Das brauchen Sie

Material: lange Grashalme,
Garn oder
Gummiringe,
Wackelaugen,
Blüten, Klebstoff

Werkzeug: Scheren

So wird es gemacht

Das Kind legt Grashalme aufeinander, faltet diese mittig nach unten und bindet den Kopf ab. Dann biegt und bindet es beidseitig die Arme und die Hände ab. Unter den Armen bindet es Pulli und darunter den Rock ab. Rock und Arme werden gerade abgeschnitten, Wackelaugen und Blumenhut aufgeklebt.

Tipps

Lassen Sie die Kinder mit den Puppen spielen und ihnen einen Namen geben. Sie können aus ihrem Gräser-Wiesen-Wissen berichten und von den dort erlebten Abenteuern.

Gräser-Blumen-Zopf

Das brauchen Sie

Material: lange Gräser, auch mit Wurzeln, Kordel, Blüten, Klebstoff, Garn oder kleine Gummiringe

Werkzeug: Scheren

So wird es gemacht

Das Kind fügt seine Gräser mit Wurzeln nach oben dicht zusammen und bindet sie ab. Nun flicht es seinen Gräser-Zopf. Diesen bindet es am Ende erneut ab und klebt die Blüten auf. Oben und unten schneidet es das Gebinde gerade.

Tipps

Zeigen Sie den Kindern, wie man Blüten hineinsteckt oder mit weiteren Naturmaterialien wie z. B. Beeren und Nüssen den Zopf bestückt.

Gräser-Indianerzelt und Grasindianer

Das brauchen Sie

Material: Gräser, Band,
farbige Blätter,
kleine Federn,
Wackelaugen,
Garn oder kleine
Gummiringe,
Klebstoff

Werkzeug: Scheren

So wird es gemacht

Indianerzelt: Sein Grasbündel faltet das Kind mittig nach unten und bindet es oben mit ab. Nun biegt es alle Halme zum Dreieck auseinander, funktioniert ein Teil des Blattes zur Tür um und klebt diese auf.

Indianer: Die Gräser legt es lang, bindet Haare und Kopf ab, drückt die Arme seitlich ab und bindet die Hände ab. Die Resthalme teilt es für die Beine, bindet den Hosengurt ab und geht genauso bei den Füßen vor. Es klebt Wackelaugen und Federn an und schneidet Überschüssiges ab.

Tipps

Lassen Sie die Kinder auf dem Tisch oder als Wandplakat ein Indianerdorf mit seinen Bewohnern legen und gestalten. Größere Kinder dürfen den Kopf innen mit etwas Moos auspolstern, dann wird er größer.

Gräser-Blumenfrau

Das brauchen Sie

Material: viele Gräser,
Blätter,
Garten-Blüten,
Band oder
Gummiring,
Klebstoff

Material: Scheren

So wird es gemacht

Einen Grasbüschel legt das Kind vor sich auf den Tisch, bindet oben den Kopf ab und fächert ihn weit auf. Unten schneidet es den Rocksaum gerade. Anschließend fügt es Wackelaugen, Blätterschuhe, Blüten-Arme und Blüten-Haare ein.

Tipps

Bitten Sie die Kinder, Arme und Beine aus angefügten Blättern zu gestalten oder statt Rock nur einen Pullover anzufertigen. Hosenbeine und Schuhe dürfen aus Blättern (Busch) gestaltet werden. Regen Sie die Kinder an, ein Bild zu kreieren und Sonne, Wolken, Boden, Baum, Blumen usw. aus weiteren Naturmaterialien hinzuzufügen.

Spiel: Tierisches Nüsse-Fangvergnügen

Das brauchen Sie

Material: Walnussschalen, ganze Erdnüsse, Papier, Kordel,
Märchenwolle oder Perlen, Filzstifte, Klebstoff, Bleistift

Für den Fangbecher: kleinen Abfall-Becher, Klebebänder

Werkzeug: Schere

So wird es gemacht

Das Kind gestaltet aus den Nüssen kleine Tiere wie z. B. eine Maus, Schildkröte oder einen Marienkäfer. Für die Schildkröte wird eine Umrissform mit
nach oben gestrecktem Kopf aufgemalt, zugeschnitten und der bemalte
Blumenpanzer aufgeklebt. Die Mäuse erhalten runde, umgeknickte Ohren,
aufgemalte Augen und eine Nase aus Märchenwolle oder einer Perle. Die
langen Fang- und Ziehschwänze klebt das Kind innen in der Walnusshälfte
fest.

Wiese als Sammel-Startplatz: Ein zugeschnittener Kreis wird zur
Start-Blumenwiese ausgeschmückt.

Den Fang-Becher umrundet das Kind mit bunten Klebebändern.

Tipp rasches Reaktions-Tisch-Fangspiel

Alle Tiere sitzen auf der Wiese und werden von den Besitzern am Schwanz-
ende festgehalten. „1-2-3, vorbei" ruft der Fänger, dann saust der Fang-
becher nach unten. Wird ein Tier gefangen, scheidet es aus.